20代からはじめる

お金が貯まる暮らしかた

mii（@mimii_room）

「miiと申します」

はじめまして 私はmii
25歳 四国出身です
四国
TOKYO
仕事の関係で東京で暮らしはじめて3年目
仕事はIT関連の中小企業でSEをしています
ぶっちゃけ そんなに お給料は 高くない……
ずーん
でも

じつは私
就職3年目で500万円貯まりました!
札束
えーーーすごい!
ゴン
ギョッ
友人の茜ちゃん
miiちゃんてどうしてお金が貯まるの……?
私なんて物欲の塊ですぐ給料使っちゃう……
1万
1万
1万
1万
サイフ

収入より支出が少なければ
お金はおのずと貯まるよ！
この差!!
収入
支出
かんたん！
でも洋服とか欲しくなったりしない？
私も大学生のころは知らない間にお金がなくなってたけど……
コンビニでよくお菓子買ってた

今は物欲もコントロールできるようになったんだ
1000円のトップス10枚より
本当に欲しい1万円のセーター買う
どうしたらそんなふうになれるの？
おしえ〜〜
うん……
無理せず貯める方法を一緒に試していこう！
収入が低くてもOK!!
サイフ

20代からはじめる
お金が貯まる暮らしかた

Contents

Chapter 2

暮らしの工夫で貯める……49

ブックデザイン　浜田純子
コミック、イラスト　うみこ
撮影　後藤利江　碓井君枝（KADOKAWA写真室）
校正　秋 恵子　根津桂子
編集協力　深谷恵美

Chapter 3

・本書で紹介している情報は2021年3月現在のものです。
・レシピの分量の小さじ1＝5mℓ、大さじ1＝15mℓです。

Chapter 1

家計簿で貯める

貯金できた最大の理由は、家計簿をつけたから。
そして、家計簿をつけると心に余裕ができるので
安心して、いいお金の使いかたができるんです。
面倒そう？　大丈夫。シンプルで楽しい方法です！

家計簿の各フォーマットを
ダウンロードできます

それぞれのページにある二次元コードをお手持ちのバーコードリーダーで読み込んでダウンロードしていただくか、URLを打ち込んでダウンロードしていただき、プリントアウトしてお使いください。

また、P.124にコピーして使える家計簿のフォーマットも掲載しています。

「私と家計簿」

お金はどうやって管理しているの?
ふふ……
それはね……
手書きの家計簿をつけているよー!!
ノートはどんなものでもOK!!
家計簿!!
うん!
3年前のある日、東京に転勤が決まった
辞令

東京は家賃が高いし生活費が高い
これで8万円……四国だったら広い部屋借りれるやん〜
80000円
四国から出てくる前はやっていけるのか本当に不安で
しかも一人暮らしは最初いろいろ物入りで……
ガラ〜ン
家電も買わなきゃ

そんなときに
家計簿をつけはじめたの
レシートはいりませんかー?
くださいー
家計簿をつけはじめてから
本当に必要なものしか買わなくなったし
ちゃんと考えてから買い物できるように
これとこれどっちがずっと使えるかな

部屋もすっきり！
必要なものだけが
揃う暮らしに
なってきました
そうじしやすい〜！
いいこと
ずくめじゃん！

家計簿を
つけるのは
毎日じゃなくてＯＫ
シールや
カラフルなペンで
やる気をキープ
させるのもポイント
自分をほめながら
続けていこう！

私のお給料のこと

「社会人３年目で貯金５００万円」と言うと、すごい会社に勤めているの？……と思うかもしれませんが、違います。私の会社は地元・四国が本社の中小企業で、月々の手取りは手当込みで約22万円、ボーナスは手取り約60万円（会社の業績による）という感じです。

国税庁の調べによると、社会保険料や税金などを引かれる前の平均給与は20～24歳で年２６４万円、25～29歳で年３６９万円（令和２年分 民間給与実態統計調査）だそうなので、私は平均的と言えるでしょうか。

私の会社は基本給が少なく、住宅手当と地域手当が多めです。「手当が多くてうらやましい」というお声もいただきますが、基本給が少ない＝会社側にとって「人件費の削減になる。何かあったときに調整できる」ということです。残業代、ボーナス、退職金も基本給がベースなので、すべて少なくなってしまいます。

それでも、月々のお給料、手当やボーナスをいただけていることに感謝です！

「基本給が少ないなんて、社員を大事にする姿勢がない」という意見もあるかもしれませんが、

資産データ

平均月収
約22万円
（手取り月収。手当なども含む）

ボーナス
約60万円（手取り。約20万×3回）

年収
約325万円（手取り）

ひと月の平均貯金額
約15万円（ボーナス含む）

現在の資産
貯金　約546万円
投資　約73万円

（2021年3月現在）

それがいいか悪いかを判断するのは自分自身です。会社側も利益を上げながら社員も大事にしなければならなくて、今の時代、大変だろうなと思います。

私にとって一番大事なのは人間関係で、就職活動のときもお給料基準ではなく、社員の人柄や雰囲気で選びました。

実際に職場はいい人ばかりで、毎日楽しく働けています。だから基本給が少なくても大丈夫だと思っています。

すべての会社がブラック企業というわけではありません。大手には大手の、中小には中小のいいところがあります。生活できるお金があれば、私は満足です。

一人暮らしをはじめてからの貯金額

最初にお給料のことを書いたのは、私くらいのお給料のみなさんなら、年100万円くらいは無理なく貯められます、と安心してほしかったからです。

本当は、もっとお給料が少なくても貯められます。私の場合、通勤の便利さと女性の一人暮らしの治安を考えて、東京・世田谷区という家賃が高めのエリアに住んでいるので固定支出が高いのですが、そうした必要のない方もいらっしゃると思います。

私の貯金額は左ページのグラフのとおり、一人暮らしをはじめてからずっと、なだらかに増えています。貯蓄率を計算してみると、変動はありますが、月平均40%くらいです。

貯蓄率とは、「貯金額÷収入×100」です。

たとえば、2020年11月は、貯金額9万6521円÷収入23万6769円×100＝貯蓄率40・7%でした。

と書いたものの、この貯蓄率を意識しているかというと、そうではありません。目安のため

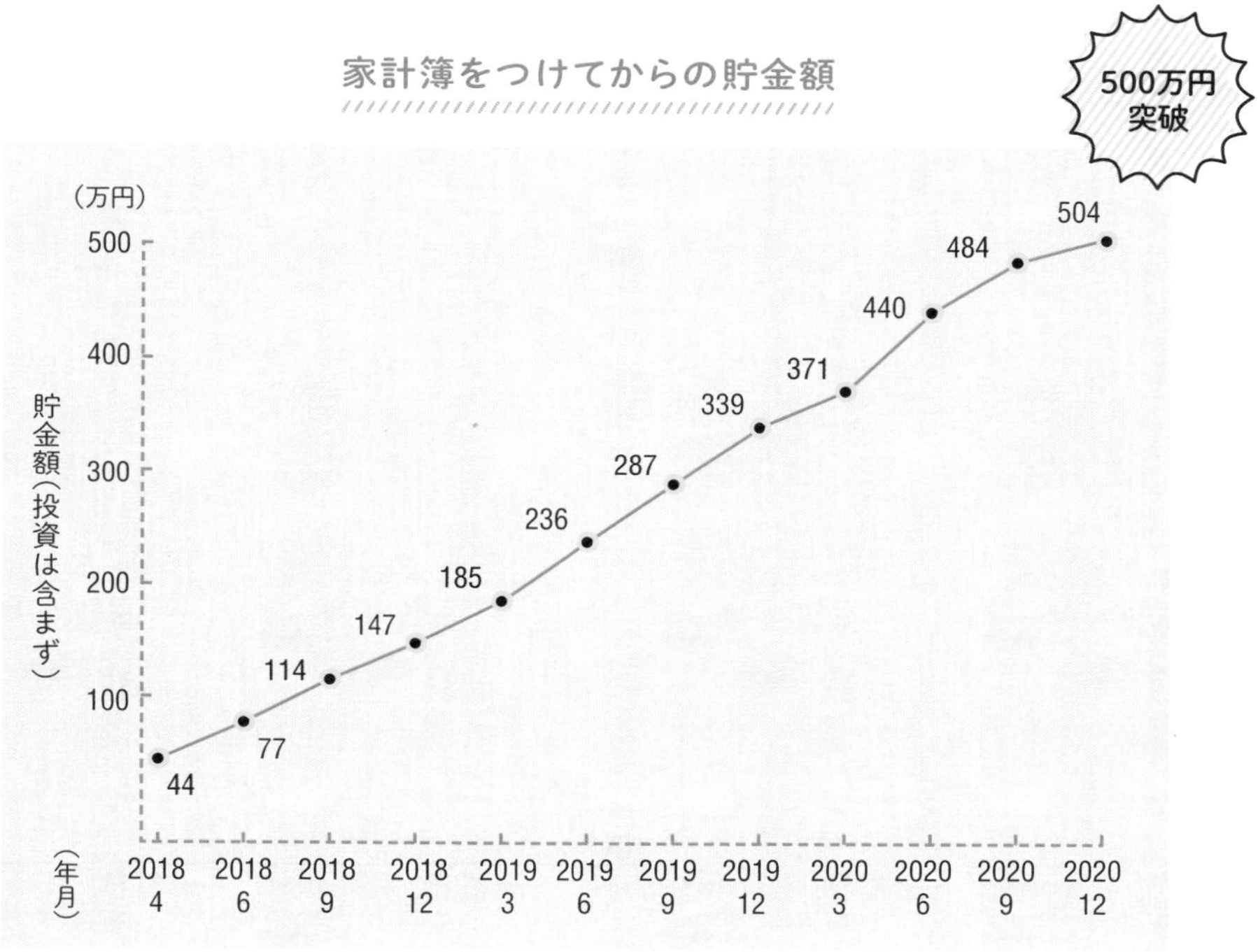

に数字は出しますが、10%でも50%でもいいと思っています。「貯蓄率40%を目指す」などと決めるとプレッシャーになって、逆にストレスがたまりそうだからです。

同じように「月10万円で生活しよう」というような予算も決めていません。「この額におさめなきゃいけない」と考えながら暮らすのはしんどそう。なのでケチケチしたり、我慢するよりも「出費が多いときは多くなったで仕方ない」とラクに考えています。

このようにゆるい私ですが、お金が貯まりました。正しくは、貯まるようになりました。きっかけは、ただ1つ。「家計簿をつけはじめた」ことです。

家計簿をつけてよかったこと

「どうしてそんなに貯金できるんですか？」と聞かれますが、それは家計簿のおかげです。東京に転勤になって一人暮らしをすることになり、やっていけるか心配だったので家計簿をつけるようにしたら、どんどん貯金できるようになりました。

自分でも不思議で、本当にびっくりしました。

その理由を考えてみたら、「これはきっと、みなさんに共通するはず」と気づいたので、家計簿をつけることによって起こるすごい変化について、まとめてみたいと思います。

お金の流れがわかる

お金が貯まる仕組みは、じつは単純明快です。

収入＞支出→お金が貯まる
収入＜支出→お金が貯まらない

収入は給与明細や銀行口座の入金額などを見ればすぐにわかりますよね。

でも、支出となると、どうでしょう？

家計簿は「支出を把握する」ためのものです。支出がわかると、収入とどれくらい差があるか、その差が月によってどう変わるかなど、お金の流れがひと目でわかるようになります。

貯金できるようになる

「貯金のために何からはじめたらいいですか？」とたくさん質問をいただきます。そのたびに「まずは1カ月の支出を把握してみてください」と答えています。つまり、家計簿です。

本音では「家計簿をつければ、ほかに何もしなくていい」と言いたいくらいです。なぜなら、

収入－支出＝貯金の額

だからです。家計簿をつけて、何にどれだけお金を使っているかを把握すると、「いつのまにか消えてしまうお金」がどんどん減って、それが貯金として残るようになります。

急に倹約しなくても、それまでと同じ暮らしの感覚でも貯金が増えていくんです。

「節約しなくちゃ」がなくなる

学生時代も、就職して実家暮らしのときも、私なりに節約をがんばっているつもりでしたが、気がつくとお金がない状態で、ほとんど貯金できませんでした。

でも、一般的に「貯金できない」と言われる一人暮らしをはじめてからのほうが、貯められています。しかも、特に節約を意識することもなく、です。

家計簿をつけて支出を把握すれば、「収入＞支出」かどうかがわかるし、「収入ー支出」の差も一目瞭然です。さらに、来月、来年、それぞれ必要になりそうな金額も予想できます。だから、やみくもに「節約しなくちゃ」と思ってあくせくするのではなく、数字という確かな根拠をもとに「これくらい使っても大丈夫」と安心して好きなことにお金を使えます。もちろん「今週はちょっとセーブしよう」というときもあり、自然にメリハリが生まれます。おかげで、節約しているつもりはないのに、結果的に節約になっているんです。

お金に対する意識が変わる

家計簿をつける時間は、お金と向き合う時間と言えるかもしれません。

思い出も、日々の出来事も、勉強なども、意識しないとどんどん過ぎ去って消えていきますが、ノートに書いたりすると一瞬立ち止まって自分のものにできることってありませんか？

同じように、家計簿を書いていると自分のお金についていろいろと考えるようになります。

たとえば、昔は「節約のためには、とにかく安いものがいい」と思い込んでいました。でも、よく考えると、安いだけで100％お気に入りじゃなかったり、すぐにダメになったり、結局使わないものだったりして……。それって、本当にいいお金の使いかたでしょうか？

なんとなく衝動でどうでもよいものを買った1000円と、誰かに喜んでもらおうと思って使った1000円では、同じ1000円でもその価値はまったく違うんじゃないか……。

「いくらか」という金額には表れない、真のお金の価値に気づくきっかけになりました。

ものに対する意識が変わる

お金に対する意識にも通じますが、安さにつられず、1つ1つ考えて買うようになるので、家の中にあるものや身に着けるものへの愛着や満足感が増します。

そういう暮らしをしていると、「値段が安い、高い」「ものが多い、少ない」「人と比べてどうか」にかかわらず、とても満ち足りた精神状態でいられます。

おかげで、次々と新しいものが欲しい、買い替えたい、という気持ちが湧かなくなりました。

私の家計簿のつけかた

ここまで読んでいただき、どうですか？　やっぱり家計簿は大変そうだと思うでしょうか。

私も最初はそう思いました(笑)。だから、大変じゃなく、書くのが楽しい家計簿を考えました。

しかも、書くのは週1回。のんびり書いても10〜30分くらいですみます。


私は市販の家計簿は使わず、A5サイズの横書きのノートに、手書きで書いています。

ルールにとらわれず、自分にとって書きやすく、わかりやすく、最低限の書き込みですむように(これ大事です！)したいからです。何事も、お気に入りじゃないと続きませんよね？

具体的には、4つのフォーマットを使っています。

書く順番はフォーマット①から④と進みますが、ページ順は、毎月1ページ目にフォーマット④、2ページ目に②と③、3ページ目からが①と、逆になっています。見返すときに、全体のまとめ→詳しい情報という流れのほうが、わかりやすいからです。

それぞれの書きかたは次のページから説明しますが、色ペンを使ったり、マスキングテープやシールで、自分が見てワクワクする感じにするのが最大のポイントです！

家計簿は4つのパートに分かれています

フォーマット④
1カ月のまとめページ
（つける頻度／月１回）

その月の1ページ目

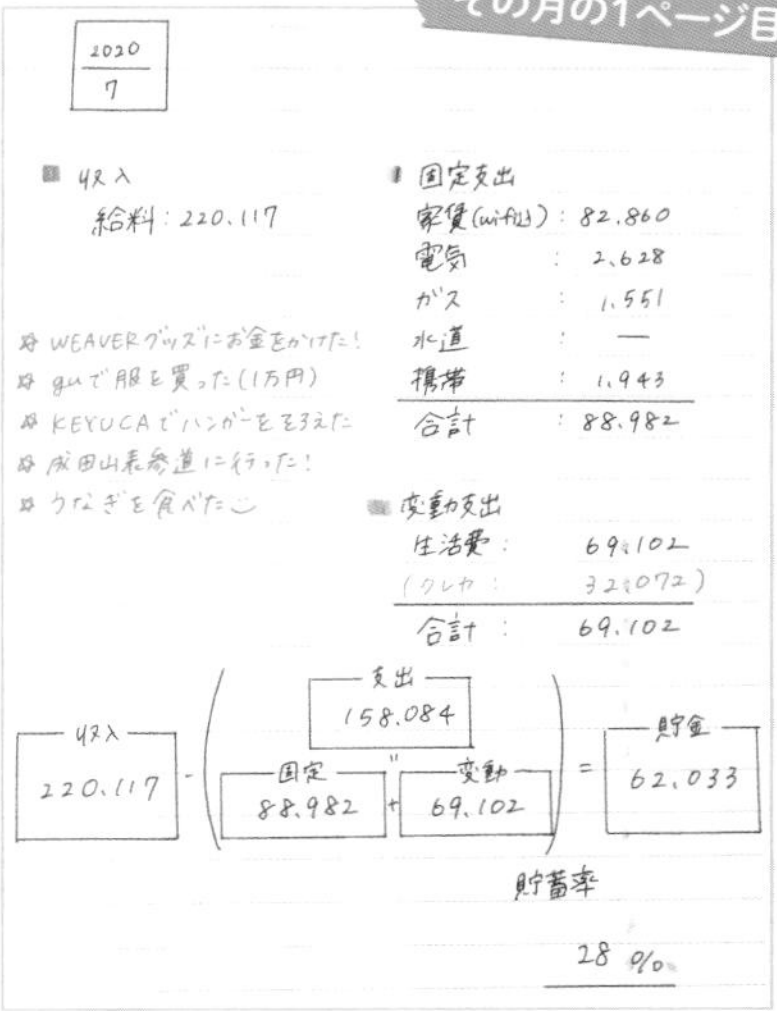

2020
7

■ 収入
給料：220,117

■ 固定支出
家賃(wifi込)：82,860
電気：2,628
ガス：1,551
水道：—
携帯：1,943
合計：88,982

☆ WEAVERグッズにお金をかけた！
☆ guで服を買った(1万円)
☆ KEYUCAでハンガーをそろえた
☆ 成田山表参道に行った！
☆ うなぎを食べたこ

■ 変動支出
生活費：69,102
(クレカ：32,072)
合計：69,102

収入 220,117 −（支出 158,084：固定 88,982 ＋ 変動 69,102）＝ 貯金 62,033

貯蓄率
28 %

フォーマット②
週計算のカレンダー
（つける頻度／週1回）

2ページ目

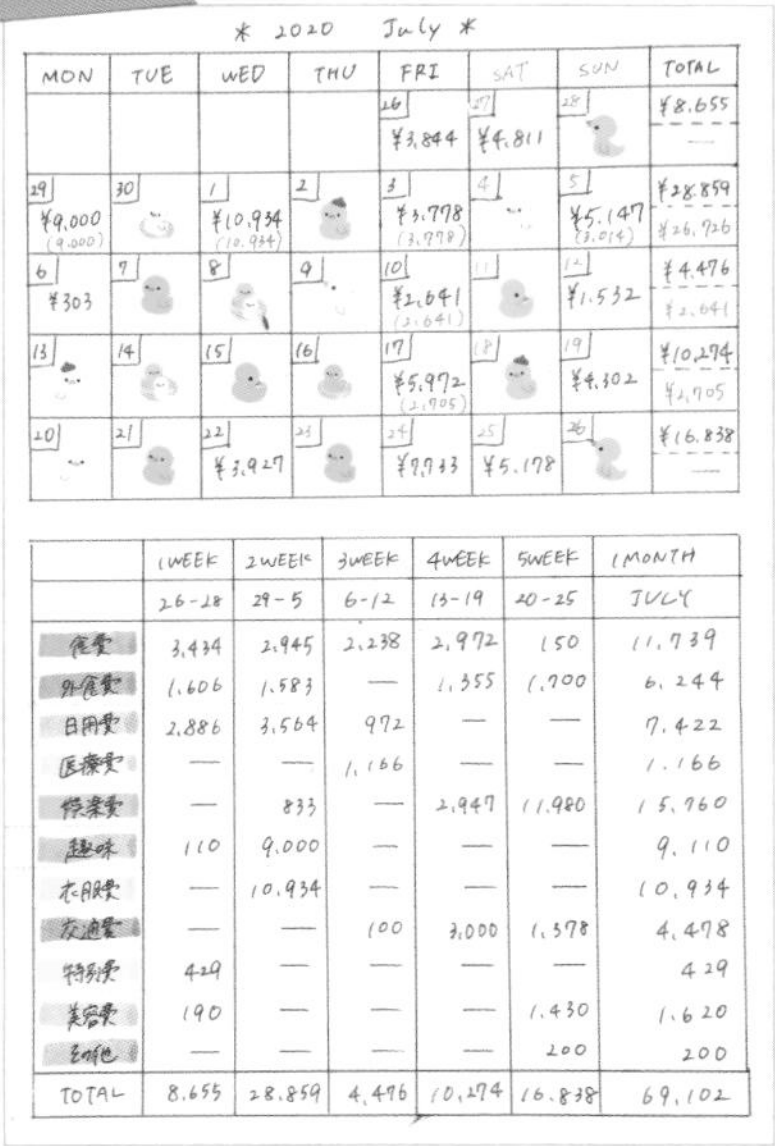

＊ 2020 July ＊

MON	TUE	WED	THU	FRI	SAT	SUN	TOTAL
				26 ¥3,844	27 ¥4,811	28	¥8,655 —
29 ¥9,000 (9,000)	30	1 ¥10,934 (10,934)	2	3 ¥3,778 (3,778)	4	5 ¥5,147 (3,014)	¥28,859 ¥26,726
6 ¥303	7	8	9	10 ¥2,641 (2,641)	11	12 ¥1,532	¥4,476 ¥2,641
13	14	15	16	17 ¥5,972 (2,705)	18	19 ¥4,302	¥10,274 ¥2,705
20	21	22 ¥3,927	23	24 ¥7,743	25 ¥5,178	26	¥16,838 —

	1WEEK	2WEEK	3WEEK	4WEEK	5WEEK	1MONTH
	26-28	29-5	6-12	13-19	20-25	JULY
食費	3,434	2,945	2,238	2,972	150	11,739
外食費	1,606	1,583	—	1,355	1,700	6,244
日用費	2,886	3,564	972	—	—	7,422
医療費	—	—	1,166	—	—	1,166
推し活費	—	833	—	2,947	11,980	15,760
趣味	110	9,000	—	—	—	9,110
衣服費	—	10,934	—	—	—	10,934
交通費	—	—	100	3,000	1,378	4,478
特別費	429	—	—	—	—	429
美容費	190	—	—	—	1,430	1,620
その他	—	—	—	—	200	200
TOTAL	8,655	28,859	4,476	10,274	16,838	69,102

フォーマット③
項目別の集計
（つける頻度／週１回）

3ページ目〜

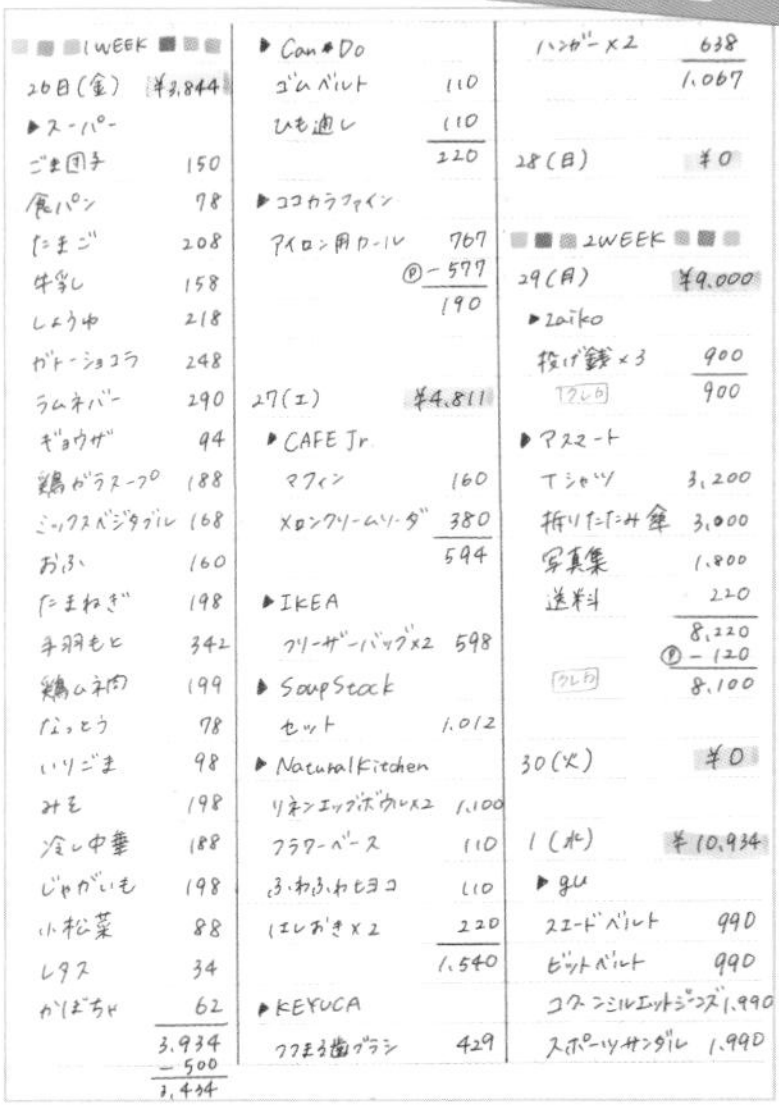

1WEEK
26日(金) ¥3,844
▶スーパー
ごま団子 150
食パン 78
たまご 208
牛乳 158
しょうゆ 218
ガトーショコラ 248
ラムネバー 290
ギョウザ 94
鶏がらスープ 188
ミックスベジタブル 168
おふ 160
たまねぎ 198
手羽もと 342
鶏ムネ肉 199
なっとう 78
いりごま 98
みそ 198
冷し中華 188
じゃがいも 198
小松菜 88
レタス 34
かぼちゃ 62
3,934
−500
3,434

▶Can★Do
ゴムベルト 110
ひも通し 110
220
▶ココカラファイン
アイロン用カール 767
⑩−577
190
27(土) ¥4,811
▶CAFE Jr.
マフィン 160
メロンクリームソーダ 380
594
▶IKEA
フリーザーバッグ×2 598
▶SoupStock
セット 1,012
▶NaturalKitchen
リネンエッグボウル×2 1,100
フラワーベース 110
ふわふわヒヨコ 110
はしおき×2 220
1,540
▶KEYUCA
つつまる歯ブラシ 429

ハンガー×2 638
1,067
28(日) ¥0
2WEEK
29(月) ¥9,000
▶zaiko
投げ銭×3 900
900
▶アスマート
Tシャツ 3,200
折りたたみ傘 3,000
写真集 1,800
送料 220
8,220
①−120
8,100
30(火) ¥0
1(水) ¥10,934
▶gu
スエードベルト 990
ビットベルト 990
コクーンシルエットジーンズ 1,990
スポーツサンダル 1,990

フォーマット①
レシートを
書きうつすページ
（つける頻度／週1回）

← ご紹介した
家計簿の見本が
ダウンロード
できます

https://kdq.jp/KhgEbC

フォーマット1

レシートを書きうつすページ（つける頻度／週1回）

家計簿というと、毎日「食費にいくら」「日用品にいくら」と書いていくイメージがありますが、私はもっと単純に「レシートの内容をただ書きうつす」という方法にしました。手順は、

1 お金を使ったら、そのつどレシートをもらう
2 週1回まとめてレシートの内容（日付、店名、品名と単価、合計金額）を書きうつす
3 書き終わったら、レシートは捨ててOK

レシートの情報は「単価も税込」「単価は税抜、合計額は税込」などお店によってまちまちですが、私は気にせずレシートの単価をそのまま書きうつし、合計金額だけ税込で揃えています。

クーポンやポイントを使った場合は、その割引後の合計金額を書きます。もしも全額ポイント払いにした場合は、家計簿には書かないことが多いです。

電子マネーやSuicaなど交通系ICカードについては、チャージした日にチャージ金額を書いています。電車やバスに乗るたびにいちいち細かく記載するのは面倒なので……。

少しでも面倒だと感じる作業は省くか、ラクな方法に変えるのが、家計簿を続ける秘訣です。

❶ 何週目かを書く

❷ 日付を書く

❸ レシートごとに店名を書く（正確じゃなくても自分がわかればOK）

❹ 購入した品名と単価を書く（品名は自分がわかればOK。単価は税抜・税込は気にせずレシートのままでいい）

❺ レシートごとに合計金額を書く（実際に払ったお金。つまり税込で、ポイントなどを使った場合は割引後の金額）

❻ 1日ごとの合計金額を書く

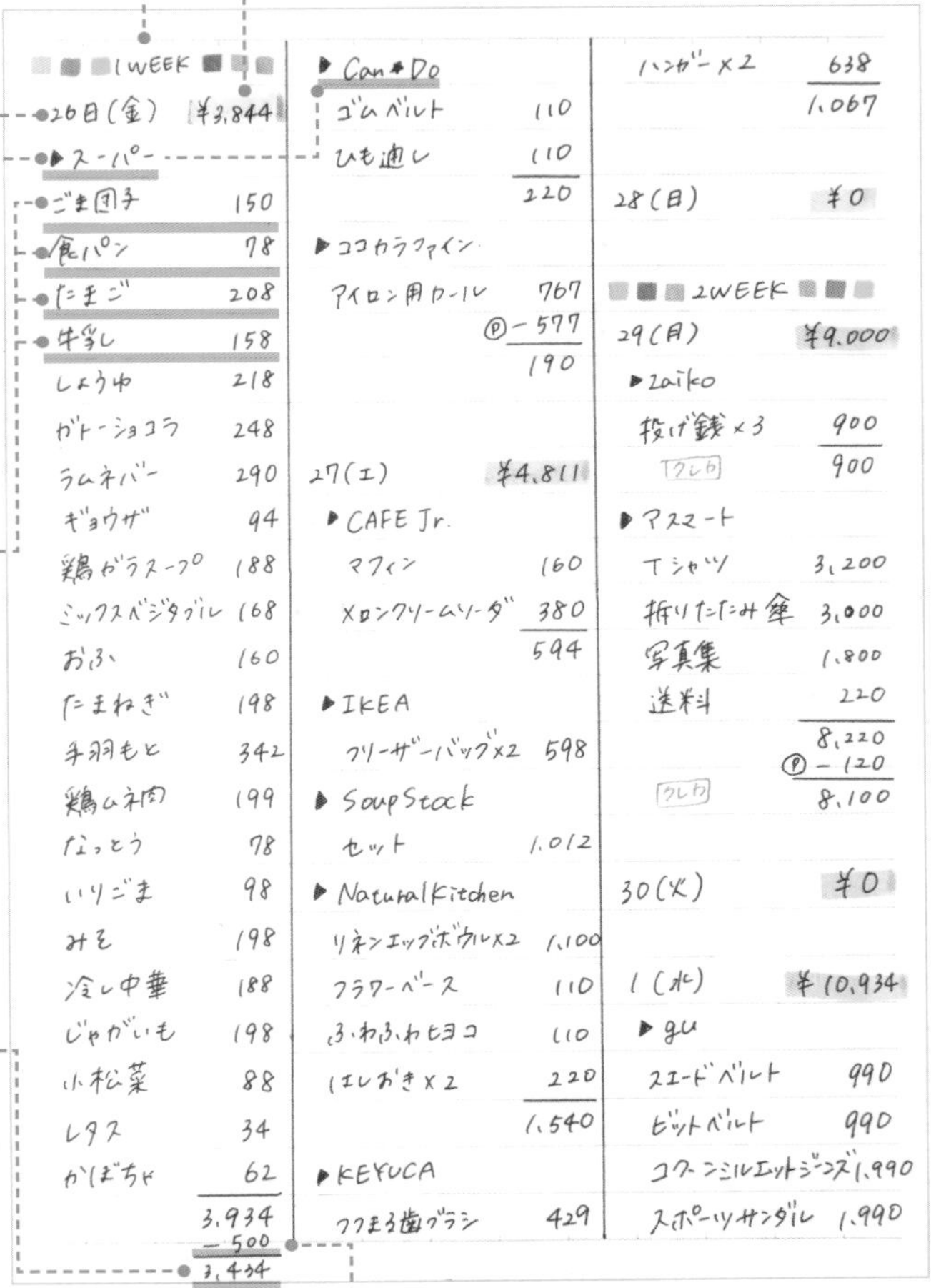

「−500」はクーポンなどで割引を受けた金額です

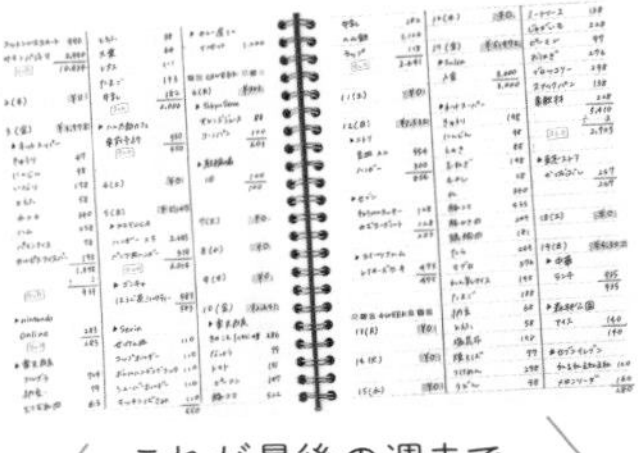

これが最後の週まで続きます

← こちらからフォーマット①がダウンロードできます
https://kdq.jp/8D4BmH

Point!
- クレジットカードで支払った場合は目印をつける（→P.34）
- お金を使わなかった日も「¥0」と書く（→P.36）

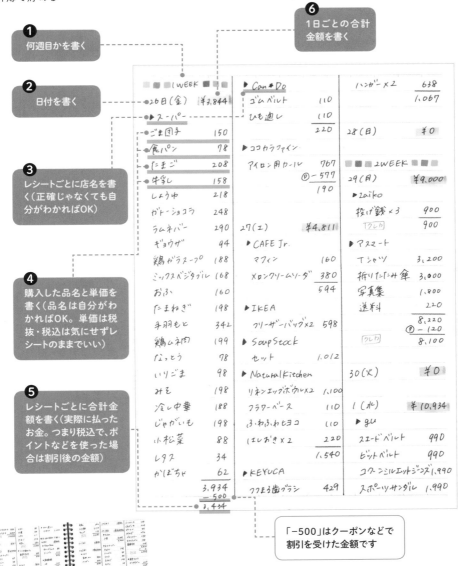

フォーマット❷

週計算のカレンダー（つける頻度／週1回）

フォーマット①にレシートを書きうつし終わったら、それぞれ1日ごとの合計金額をカレンダーに書き込みます。

二度手間のように思うかもしれませんが、1週間単位でいくらお金を使ったかがひと目でわかるので、この作業はとても有効です。

さらにいいのが、1円も使っていない「NMD（ノー・マネー・デー、詳しくは36ページ）」がどれくらいあったかがパッと視覚情報として目に飛び込んでくることです。やってみるとわかると思いますが、シールのかわいさのおかげで、かなりやる気が上がります。

ピンクの数字はクレジットカードで払った金額です。どうしてわざわざ二重に書くのかについては34ページで説明します。

ちなみに、私の会社は25日がお給料日なので、カレンダーは26日始まりにしています。1日始まりでも、月曜ではなく日曜始まりでも、しっくりくる形式ではじめてみてください。

❶「レシートを書きうつすページ」(→P.25)❻の合計金額を書く

❷ 週ごとの合計を書く

＊ 2020 July ＊

MON	TUE	WED	THU	FRI	SAT	SUN	TOTAL
				26 ¥3,844	27 ¥4,811	28	¥8,655 / —
29 ¥9,000 (9,000)	30	1 ¥10,934 (10,934)	2	3 ¥3,778 (3,778)	4	5 ¥5,147 (3,014)	¥28,859 / ¥26,726
6 ¥303	7	8	9	10 ¥2,641 (2,641)	11	12 ¥1,532	¥4,476 / ¥2,641
13	14	15	16	17 ¥5,972 (2,705)	18	19 ¥4,302	¥10,274 / ¥2,705
20	21	22 ¥3,927	23	24 ¥7,733	25 ¥5,178	26	¥16,838 / —

Point!

●クレジットカードで支払った分がいくらかも別の色で書いておく(→P.34)

●シールを貼るのはお金を使わなかった日。または「NMD」と書く(→P.36)

← こちらからフォーマット②がダウンロードできます
https://kdq.jp/2FKdMQ

フォーマット③

項目別の集計（つける頻度／週1回）

フォーマット②のカレンダーに書き込んだあとに、もう1つ、やることがあります。使ったお金を項目ごとに集計することです。こうすると週ごと・月ごとに「何にどれだけ使ったか」が瞬時にわかります。これが無駄な出費を抑制する最強のツールになるんです。

やりかたはこんな感じです。

フォーマット①のレシートを書きうつすページを見ながら、「食費」に該当するものを合計して記入する。

次は、「外食費」に該当するものを合計して記入する……と、これを繰り返します。

どれにも当てはまらないものや迷うものは「その他」として最後に計算します。

難しそうに思うかもしれませんが、使用したお店ごとに「食費」「美容費」などとだいたいまとまっているので、意外と簡単に計算できます。

もしも「スーパーで買った食材と日用品を別々に集計するのが面倒」と思うなら、「食費&日用品」と項目を合体させたりするなど、自分がラクなようにアレンジしましょう。

❶ 「レシートを書きうつすページ」(P.25)を見て、項目別に合算する。合算した金額を書き込む。

	1WEEK	2WEEK	3WEEK	4WEEK	5WEEK	1MONTH
	26-28	29-5	6-12	13-19	20-25	JULY
食費	3,434	2,945	2,238	2,972	150	11,739
外食費	1,606	1,583	—	1,355	1,700	6,244
日用費	2,886	3,564	972	—	—	7,422
医療費	—	—	1,166	—	—	1,166
娯楽費	—	833	—	2,947	11,980	15,760
趣味	110	9,000	—	—	—	9,110
衣服費	—	10,934	—	—	—	10,934
交通費	—	—	100	3,000	1,378	4,478
特別費	429	—	—	—	—	429
美容費	190	—	—	—	1,430	1,620
その他	—	—	—	—	200	200
TOTAL	8,655	28,859	4,476	10,274	16,838	69,102

❷ 週ごとの合計を書く(「週計算のカレンダー」〈P.27〉のTOTALと同じになるはず)

1カ月終わったら!

❸ 項目ごとの合計を書く

❹ 1カ月の合計を書く

【 項目の分け方 】

食費	食材費
外食費	外食やテイクアウト
日用品	洗剤、トイレットペーパー、シャンプーなど
医療費	病院、歯医者、薬代など
娯楽費	レンタルビデオ、レジャー費など
趣味	ファンクラブ会費、ライブチケット代など
衣服費	洋服、靴、バッグなど
交通費	電車、バス、帰省のときの航空券代など
特別費	プレゼント、ご祝儀、高額な家電やインテリア、宿泊ありの旅行など
美容費	コスメ、美容院、ネイルなど

← こちらからフォーマット③が
ダウンロードできます
https://kdq.jp/EKbRay

フォーマット④

1カ月のまとめページ（つける頻度／月1回）

月に1回、このページで収入と支出を把握して家計簿を締めます。

収入には、お給料の手取り額を書きます。

支出は、固定支出と変動支出の2種類があります。

まず、固定支出は私の場合、月1回まとめて口座引き落としされるお金を書いています（水道代は2カ月に1度の引き落としです。引き落としされる月だけ書きます）。

変動支出の生活費とは「フォーマット③　項目別の集計」で計算した「月のTOTAL金額」です。そのうちクレジットカードで払った分も別の色で書き添えています。

これで「収入－支出＝貯金の額」が出せます！

「貯金額÷収入」に100を掛ければ貯蓄率のパーセンテージもわかり、目安にできます。

多少つじつまが合わなくても大丈夫。100点を取ることより、60点でも続けることが大切です。だんだんコツがわかってくるので、ゆるい気持ちでやっていきましょう。

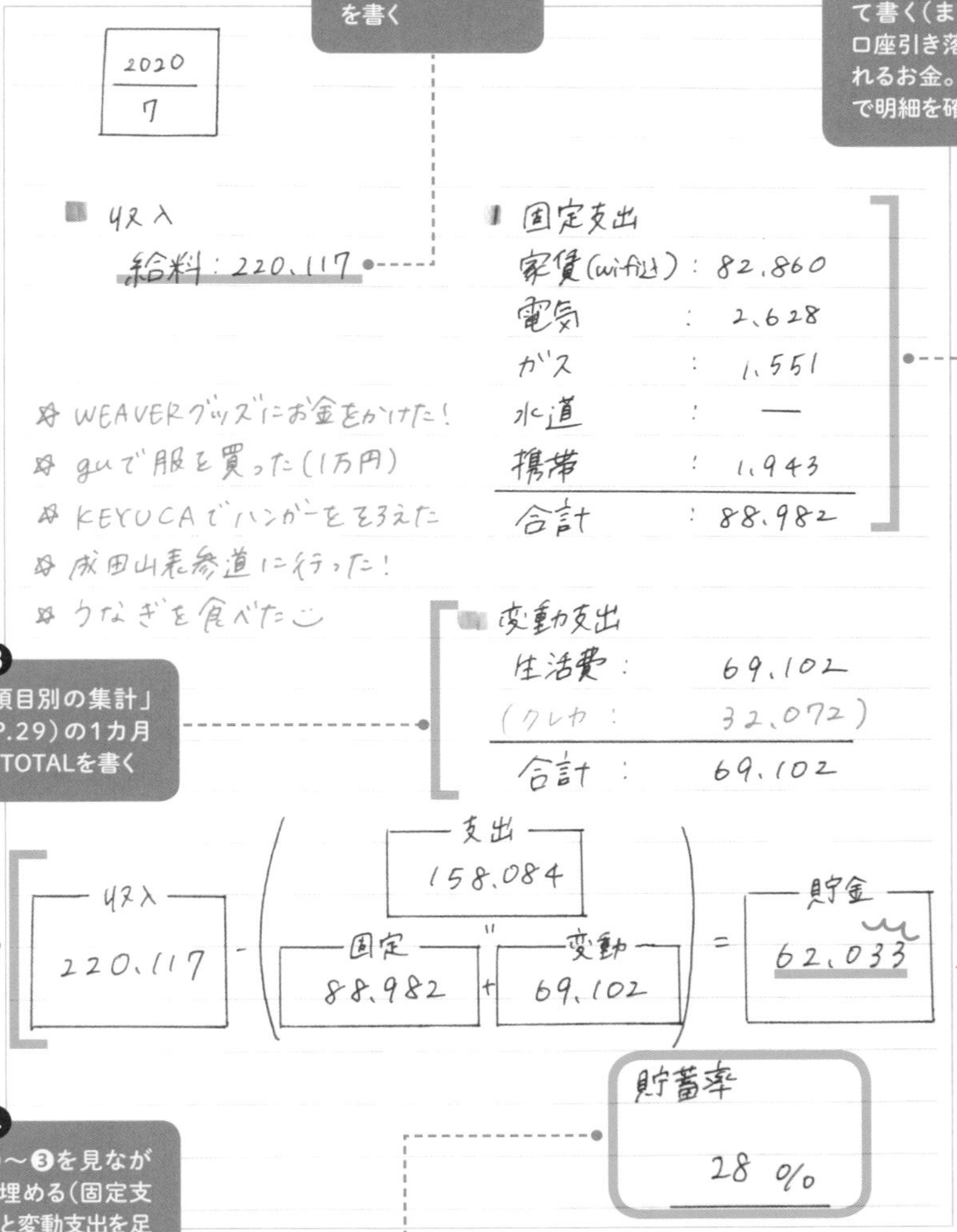

❶ 給料の手取り額を書く

❷ 固定支出を調べて書く（まとめて口座引き落としされるお金。ネットで明細を確認）

❸ 「項目別の集計」(P.29)の1カ月のTOTALを書く

❹ ❶〜❸を見ながら埋める（固定支出と変動支出を足したものが、その月の「支出」）

❺ 貯蓄率（貯金額÷収入）×100も書き添える

これが、この月に貯金できた額！

Point!

●空いているところに、印象的な出来事やイベントがあったら書くことも
●変動支出はクレジットカードで支払った分がいくらかも書いておく（⇒P.34）

← こちらからフォーマット④がダウンロードできます
https://kdq.jp/Wkvyvq

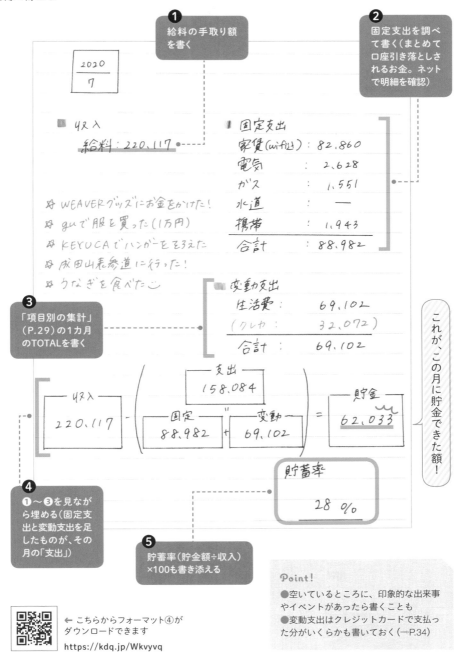

お給料日の翌日にリセットします

お金について、私がしっかり管理しているのはこの2つ。

●週1回の家計簿（フォーマット①〜④を書くこと）
●毎月おろすお金は3万円

お金をおろすのはお給料日の翌日です。その日をお金の「リセットデー」にしています。

1 まず、財布に残っているお金をATMに入金（小銭まですべて）
2 次に、1カ月分の生活費＝3万円をおろす（一度にまとめて引き出すのがポイント）
3 同時に、通帳記帳（貯金額が増えていく様子が目に見えるので励みになります）

2の金額は、一度、家計簿で月の変動支出を把握すると、だいたい必要な額がわかります。

その金額を参考にお金をおろして1カ月過ごしてみましょう。余った分が1のお金です。

足りなければ月の途中でまた引き出すことになりますが、その場合は、そのつど通帳記帳します。なんのためにおろしたのか、何に使ったのかを忘れないようにするためです。

私はいつもごちゃごちゃ
すっきりさせると貯まるよ！
シンプル・イズ・ベスト

MUFG
Rakuten
JCB
LAWSON
Ponta

私の財布

カード類が少ないと財布が軽いし気持ちもすっきり。キャッシュカードは常に持ち歩いていますが、おろすのは基本リセットデーのみ。そのお金で1カ月過ごせるようになれば、お金の管理が上達した証拠です。

レシートとお札で分けてキープ

かわいくて使い勝手も良くて安い(3000円以下！)、最強の財布。お札入れが2つあるのでお札とレシートを別々に入れられます。レシートは家計簿に書きうつしたら捨てます。

クレジットカードは「使った日」で管理

私がクレジットカードを使うのは、ネットショッピングと、ちょっと高めの買い物をするときだけと決めています。ちょっと高めというのは５０００円以上です。それ以外はすべてリセットデー（32ページ）におろした現金で払います。クレジットカードに頼りすぎると、お金を使っている感覚が麻痺しがちだからです。

だからこそ、クレジットカードは１枚しかつくっていません。しかも、使う予定のない日は財布に入れずに家に保管しています。

そして使うときは必ず一括払いです。分割払いやリボ払いは「負債」と考えているのと、手数料もかかる（分割払いは３回以上で）からです。何より、実際の利用金額がわかりにくい！

クレジットカードで支払った分は家計簿で目立つようにしています。家計簿の写真で登場しているピンクの数字や「クレカ」のマークがそれです。

すべて、引き落とし日ではなく、使用した日のところに書くのもポイントです。

こうした工夫で現金と同じ感覚になり、使いすぎを防ぐことができるようになりました。

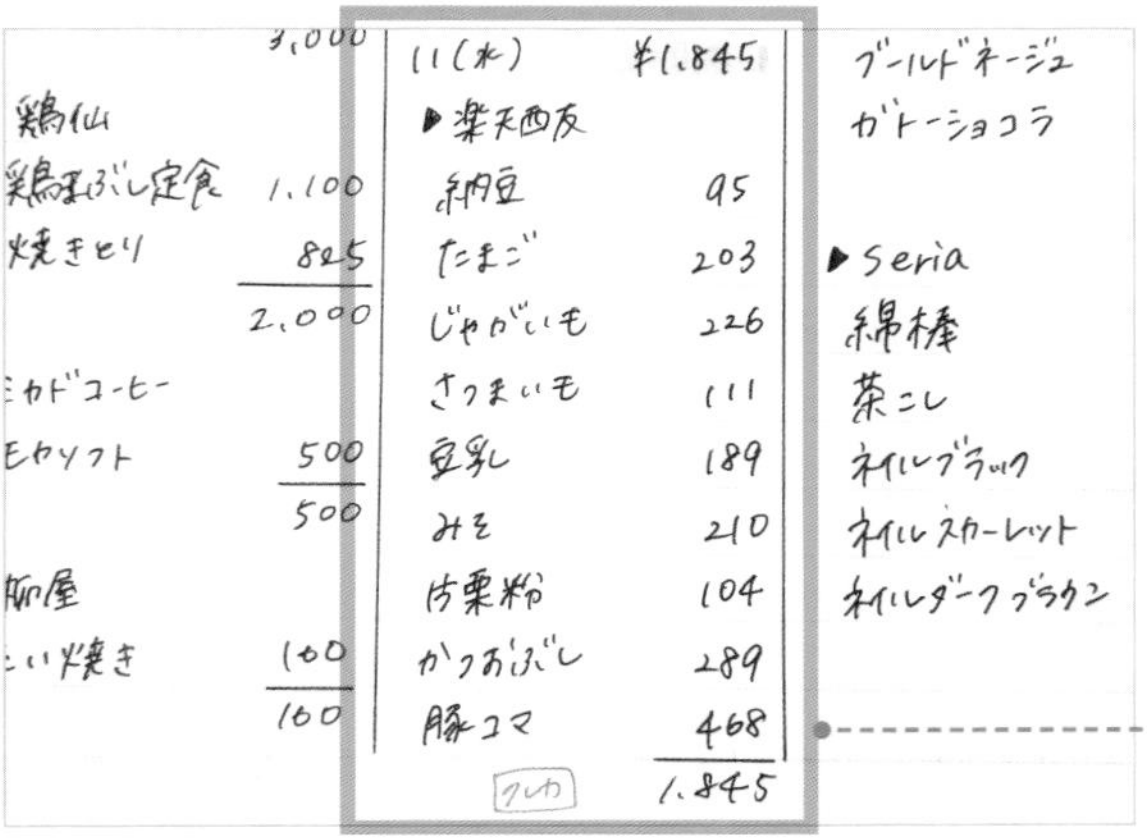

フォーマット①

レシートを書きうつすページでは

私は食材をネットスーパーで買っているので、クレジットカードで支払います。写真のようにクレジットカードで払ったものは合計金額の横にピンクで「クレカ」と書きます。

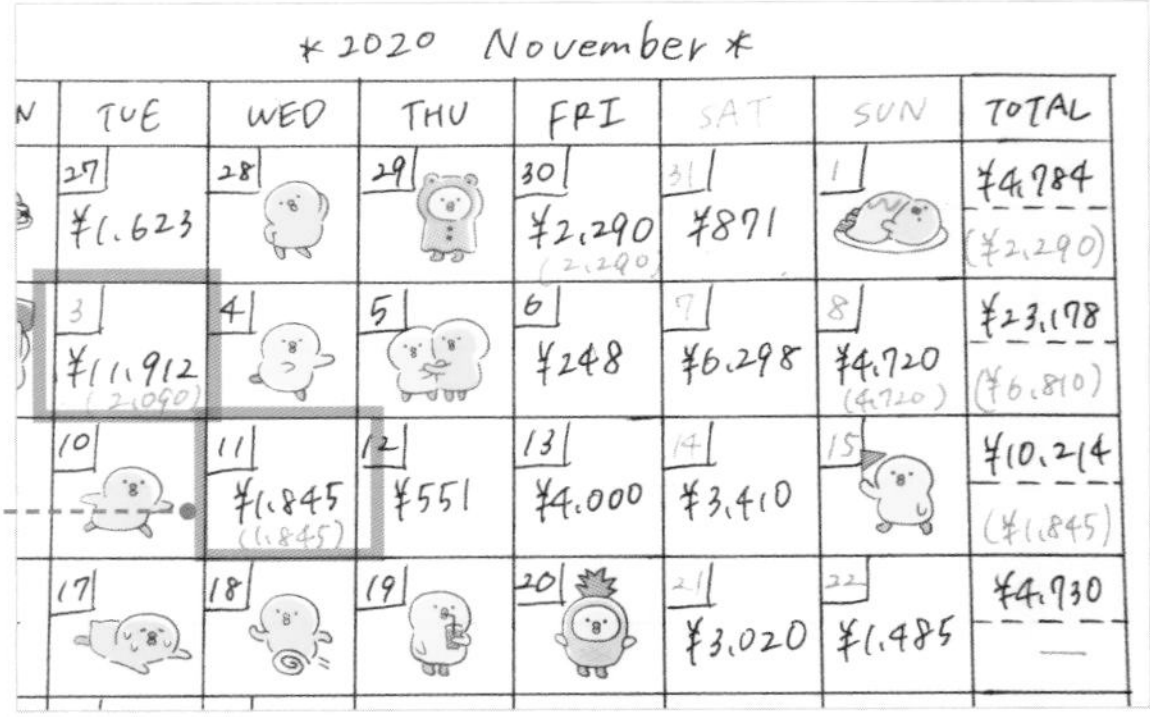

フォーマット②

週計算のカレンダーでは

たとえば、2020年11月３日は１万1912円使ったうち2090円がクレカでの支払い。11日はクレカで1845円払った以外はお金を使っていないので黒の数字とピンクの数字が同額になります。

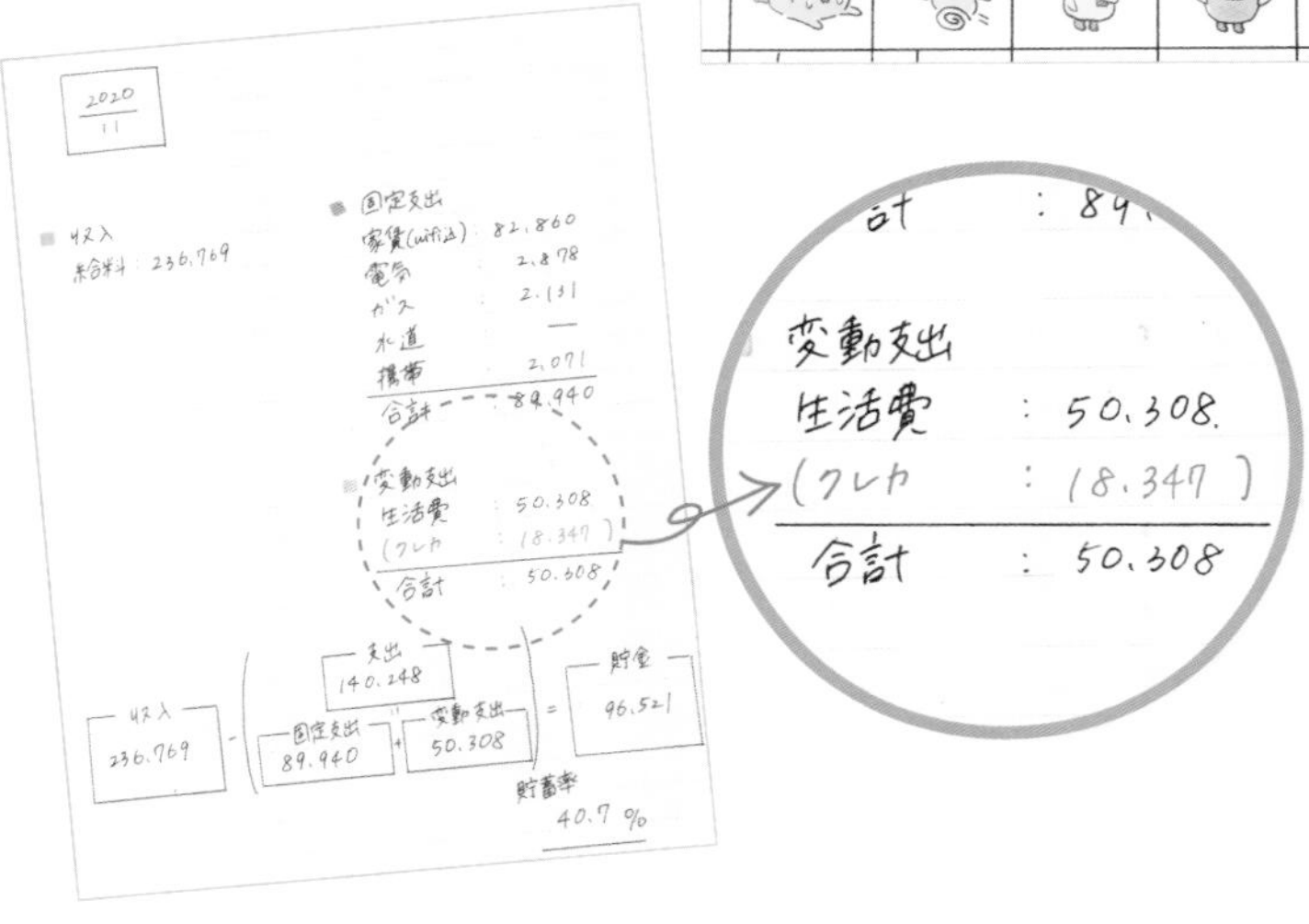

フォーマット④

1カ月のまとめページでは

2020年11月は、生活費5万308円のうち1万8347円はクレカ利用。フォーマット② 週計算のカレンダーのTOTAL（下段のクレカで支払った分）を合計して書きます。クレカの請求金額と一致するはず。

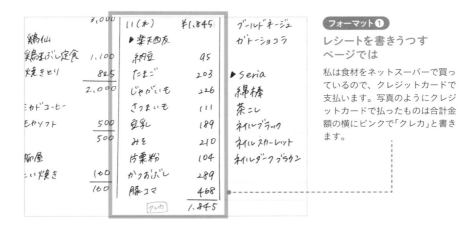

ノー・マネー・デーをつくることがポイント

家計簿は自分が書きやすいようにアレンジしていただきたいのですが、絶対に真似してほしい！　と思うルールが1つだけあります。

NMD（ノー・マネー・デー）、つまり「お金を使わなかった日」のマークです。

●レシートを書きうつすページに、使わなかった日も「¥0」と書く

●週計算のカレンダーには、好きなシールを貼る

こうしてかわいくすると、モチベーションが高まります。「そんなことで？」と思うかもしれませんが本当です。「お金を使わない」ということがゲーム感覚のように楽しくなるんです。

これが、無駄遣いを防ぐ「自制」にかなり役立ちます。

「週に○日はNMDにしよう」と決めているわけではありません。でも、夕方までお金を使わなかった日などは、「今日はコンビニに立ち寄るのはやめよう」という気持ちになってきます。

「このままお金を使わなければ家計簿を書くのもラクだしかわいくなる」と思ったりもします。

小さなシール、ささいな工夫ですが、効果は絶大です！

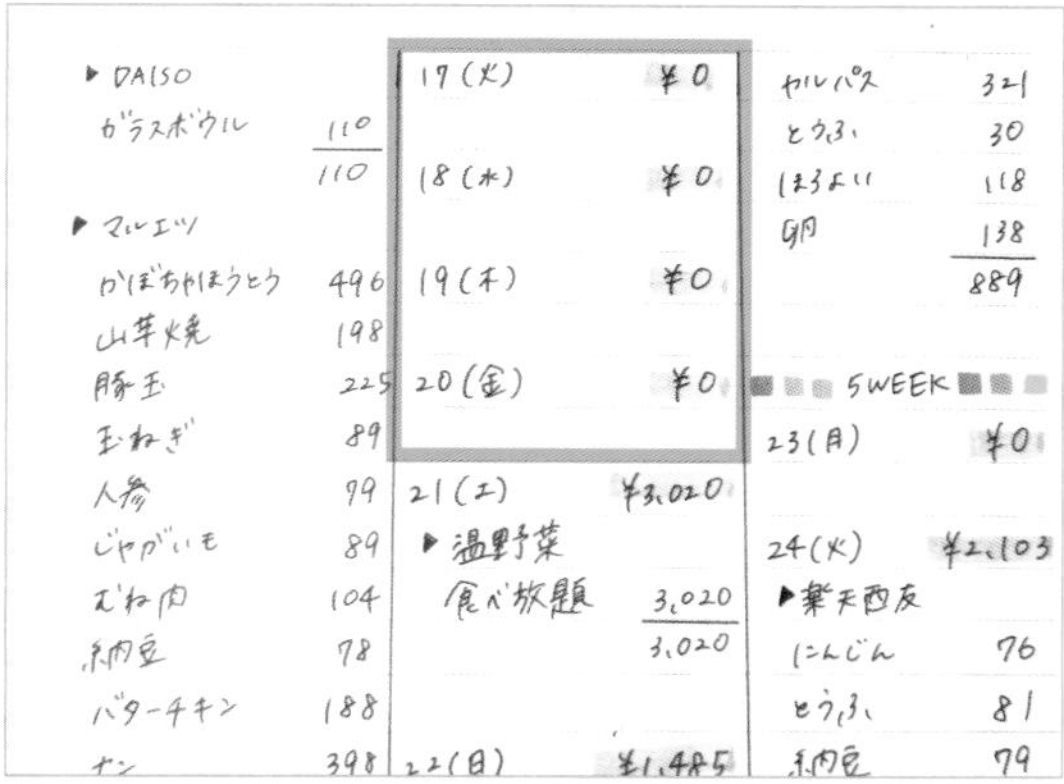

フォーマット❶

レシートを書きうつすページでは

1円も使わない日は家計簿に書かないかというと、そんなことはありません。「¥0」と堂々と書きます。レシートを書きうつさなくてラクなので、なるべく「¥0」の日を増やしたい！

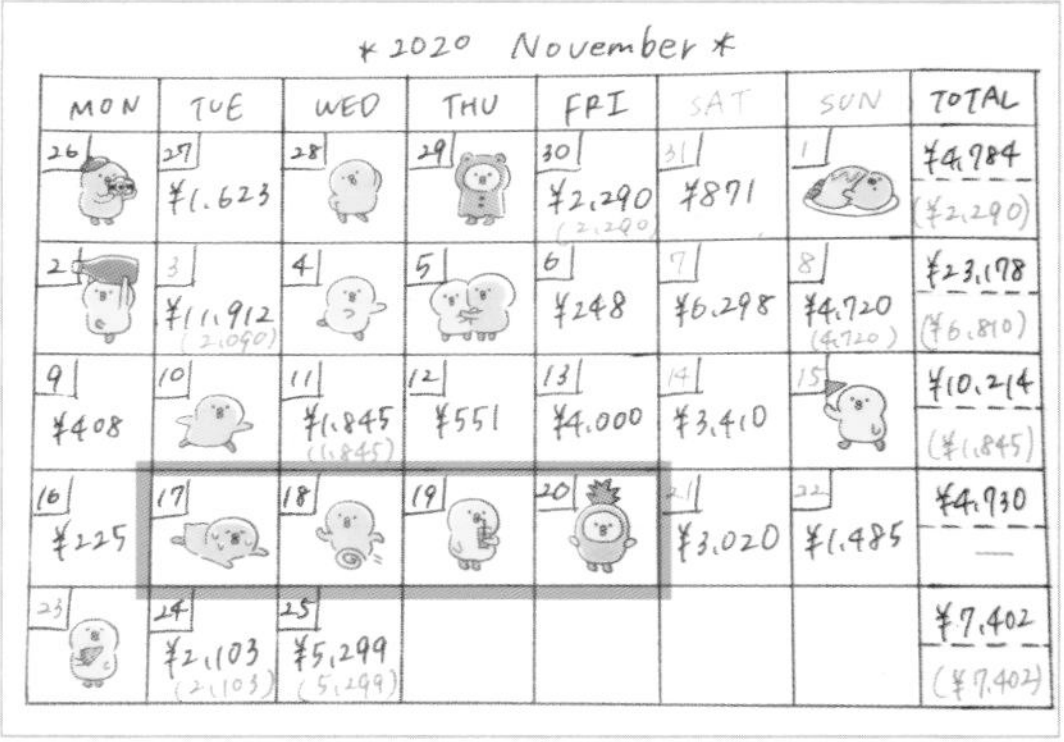

フォーマット❷

週計算のカレンダーでは

「¥0」の日にはシールを貼ります。シールのおかげでかわいくなるし、やる気につながります。ピンクのペンで「＼NMD／」と吹き出しのように書くこともあります。そのあたりはお好みで！　目立つほどうれしくなります。

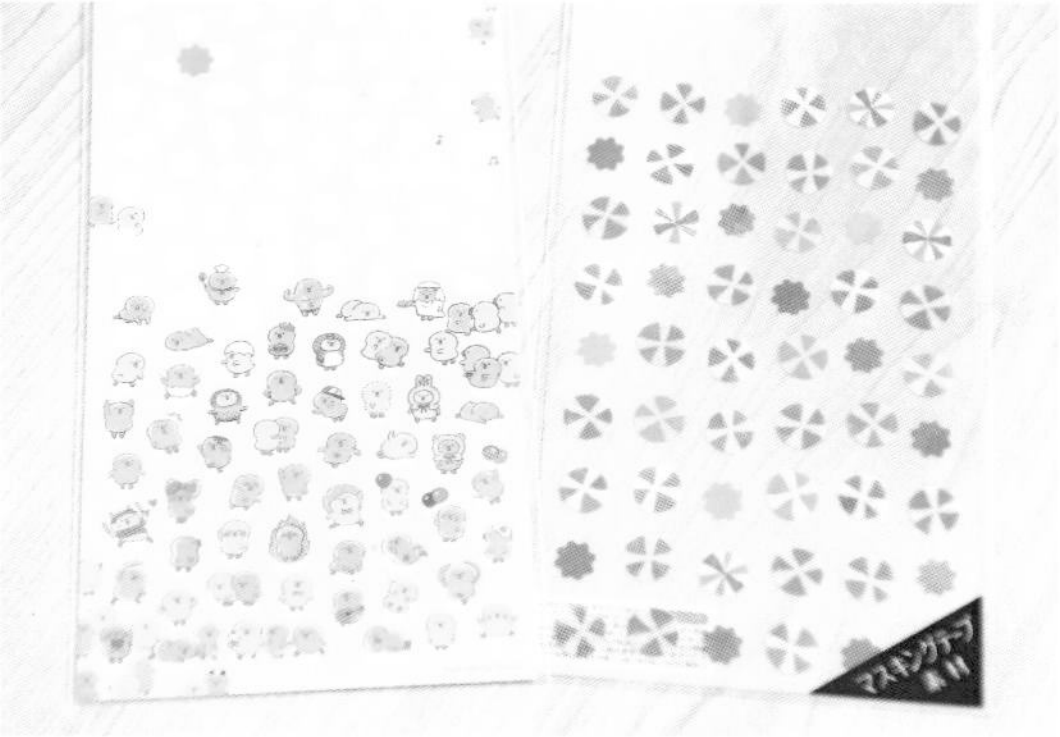

ノー・マネー・デーのごほうびシール

私はLOFTで買ったシールを使用しています。1袋200円前後で半年以上使えます。NMDが多いほど減りが早くなりますね……！　私の家計簿のサイズ（A5判）で直径8㎜ほどのシールがぴったりです。

家計簿は振り返りが大切です

「家計簿をつけてもお金が貯まらない」という相談をいただくことがあります。それは、振り返りをしていないからだと思います。

せっかく家計簿をつけても、つけて終わりではもったいないです。ザッと数字だけ書いて満足してしまっては家計簿の意味は半減してしまうと言えるくらいです。

振り返りといっても、大げさなことではありません。

レシートを書きうつしていると「外食は4回、カフェに2回。いつもより多いな」とか、1カ月のまとめをするときに「電気代が先月より少ない。どうしてだろう？」など、いろいろ思い浮かんできます。無理やり考えたり、いい悪いのジャッジではなく、気軽な感想レベルです。

その感想をメモしてもいいし、しなくてもいいし、忘れてしまっても構いません。

ほんの一瞬でも「こうだった」「どうしてだろう」と振り返ることで、暮らしを客観視できます。それが無意識に積み重なって、無駄がわかり、上手なお金の使いかたにつながります。

私の振り返り方法

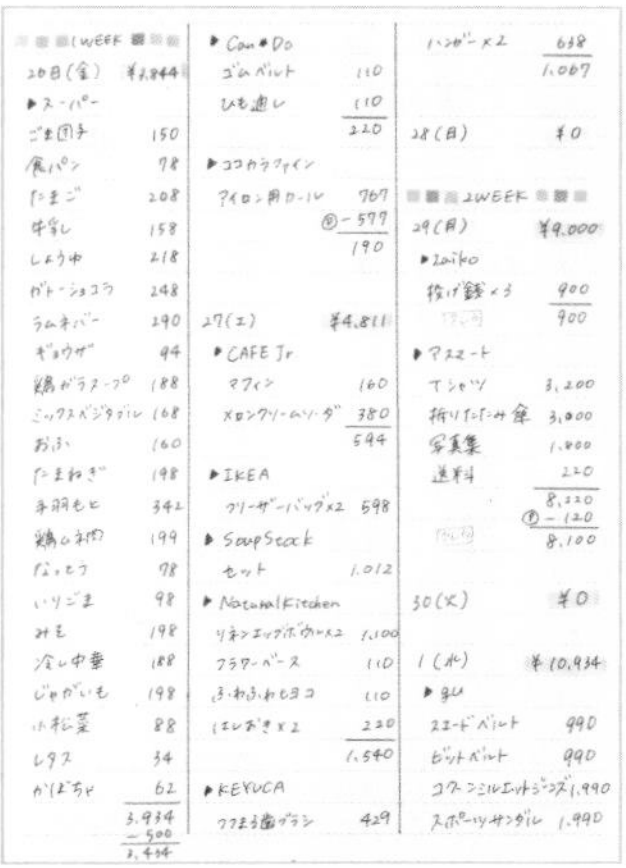

フォーマット❶

レシートを書きうつすページを書きながら……

結構たくさんお金を使った、P.22〜31でも紹介している2020年7月の家計簿です。レシートを書きうつしながら「お菓子を買ったり、雑貨も買ったりしているから、この週は多いなぁ」などと、いろいろ思い浮かんできました。

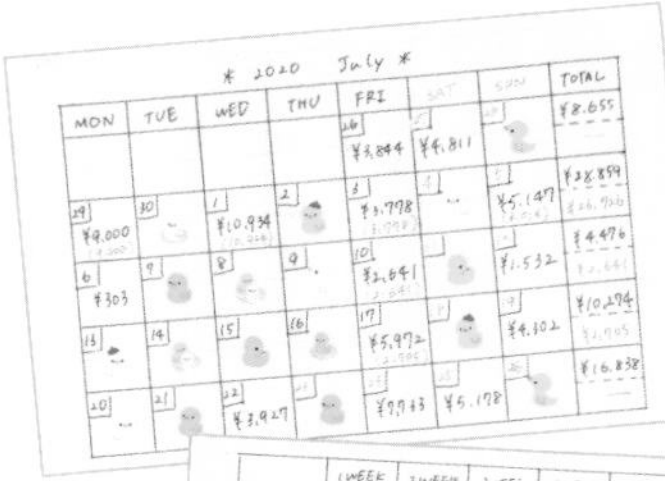

フォーマット❷ 週計算のカレンダー、
フォーマット❸ 項目別の集計を書きながら……

カレンダーでは1日の使用額がいつもより高めだとわかります。特に2週目の合計が多いのは、彼と交際1年の記念で少し高めのごはんを食べたから。でも「有意義に使うことができたからOK」と満足でした。項目ごとの集計がぜんぶ埋まる(＝それだけお金を使っている)のも久々でした。

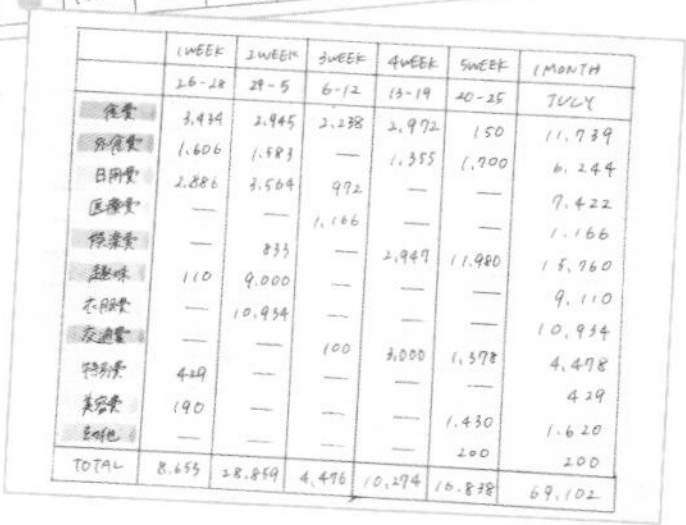

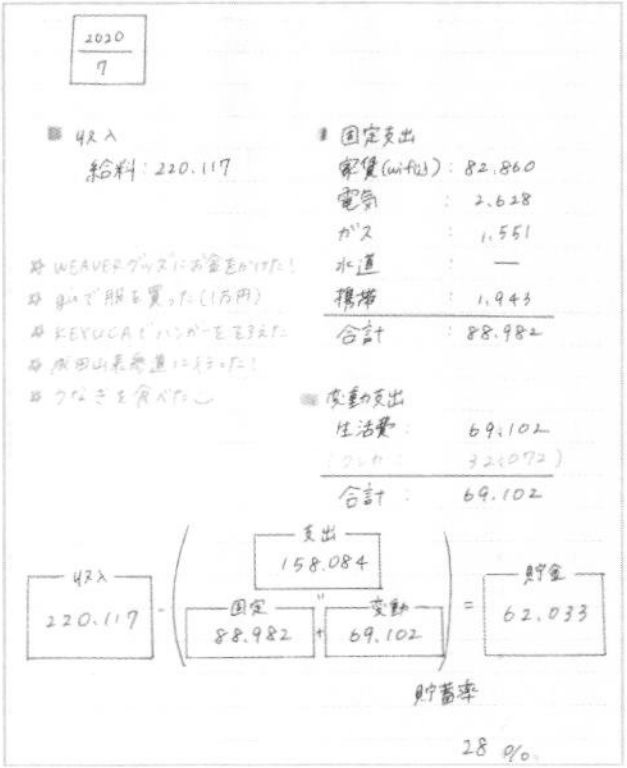

フォーマット❹

1カ月のまとめページを書きながら……

新型コロナウィルスの影響で家にいることが多くて3カ月ほど貯蓄率50％超えが続いていましたが、この月は久々にお出かけもして、貯蓄率は28％。「でも6万円貯金できたし楽しかったから良かった」と思いました。「ハンガーをそろえた」「うなぎを食べた」など、目立つ支出もメモしました。

私も一度挫折しました

じつは私自身は家計簿が面倒になって、半年くらい書かなかった時期があります。だから「家計簿は面倒そう……」というみなさんの気持ちがよくわかります。そして、そんな私だからこそ、シンプルで楽しい書きかたに着地できたのかな、と思っています。


挫折した原因は、今の家計簿より「きっちり」やろうとしたからです。

たとえば、レシートを書きうつすときも、すべて税込・税抜で揃えようとしたり。

さらに、財布の中にあるお金と家計簿の数字を合わせようとしたり。

忙しかったり疲れていたりする週も、自分に鞭打って家計簿を書こうとしたり（今は2週間分くらいまとめて書くこともあります。あまりためてしまうと、かえって大変になりますが）。

反省点などもきっちりコメントとして書き残したりしていました。

どれも本などに書いてあったので、がんばって真似しようとしたのが失敗でした。


家計簿を書かなかった半年間、ラクではありましたが、だんだん「お金の使いかた、大丈夫?」

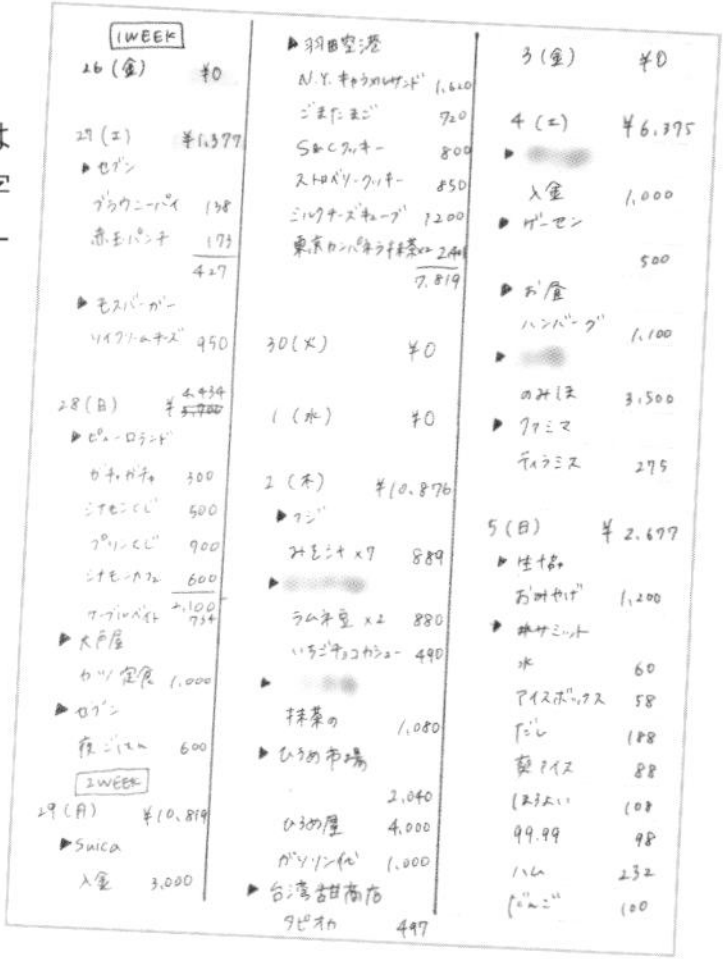

途中でやめてしまったときの家計簿

レシートを書きうつすページは黒1色。最初はマーカーを使いましたが、あとは事務的に数字を書くだけ。週計算のカレンダーのNMDもシールではなく控えめな手書きのハートのみ。

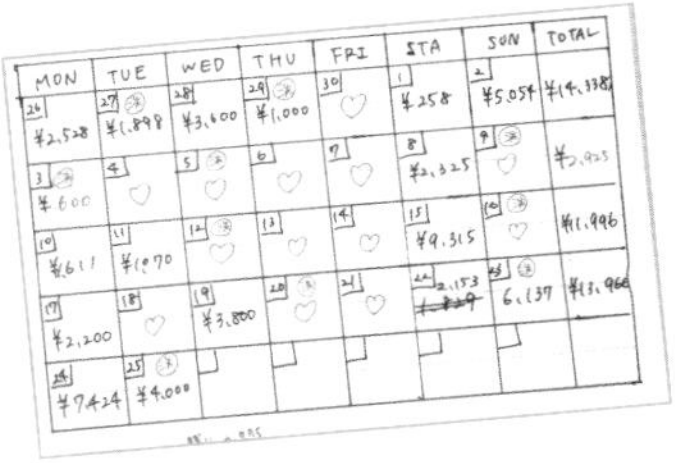

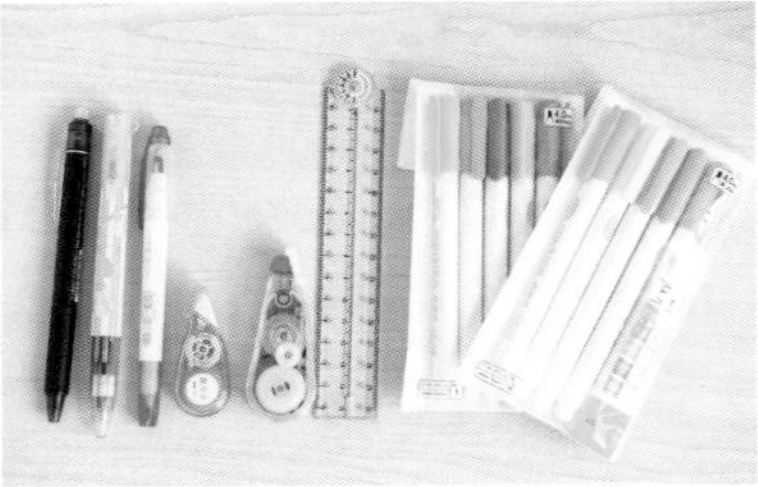

カラフルでかわいい家計簿にするために

現在の家計簿セット。マーキングペンや蛍光ペンで書くこと自体を楽しんでいます。オススメは「デコラッシュ」というデコレーションテープ。レシートを書きうつすページの1WEEK、2WEEKの両端にあるカラフルな■■■がこれで引いたものです。

という不安のほうがストレスになってきました。それで、今の簡単バージョンで再開したというわけです。

もう１つ、続かなかった原因に「雑に書いていた」こともあります。「とにかく書けばいい」という感じで、字も汚く、黒１色で、シールも使っていませんでした。そうなると書いていても楽しくないし、見返そうという気も起きません。「きれいに書くほうが面倒そう」と思うかもしれませんが、ていねいに書いても雑に書いても手間や時間はあまり変わりません。だったらネイルやお菓子作りのように家計簿自体を楽しもう、と発想を変えました。今では週末の楽しみです。

家計簿からわかることはたくさんある

どうしても手書き自体が面倒に思えるなら、家計簿アプリやエクセルを使うのもいいと思います。家計簿アプリは無料の「マネーフォワードＭＥ」が使いやすいと評判ですよね。

それでも入力して終わりではなく、必ず数字を眺めて振り返りはしてくださいね。

私が手書き家計簿が好きなのは、見返しやすいからです。

パラパラ見返していると、「去年のこの時期にこれくらい支出があったから、今年もこれくらいかかりそう」とか、「浄水器のカートリッジはこの月に買った。そろそろ新しいのに取り替える時期かも」というような予想が立てられます。

「特別費（84ページ）」としてかかるようなお金も、心積もりができるので慌てずにすみます。

そして、「あの日はこの店に行ったんだっけ」「○○さんへの誕生日プレゼント、去年はこれを買ったんだな」などと、忘れていた楽しい記憶もよみがえってきます。

家計簿は私にとって日記代わりにもなってくれています。

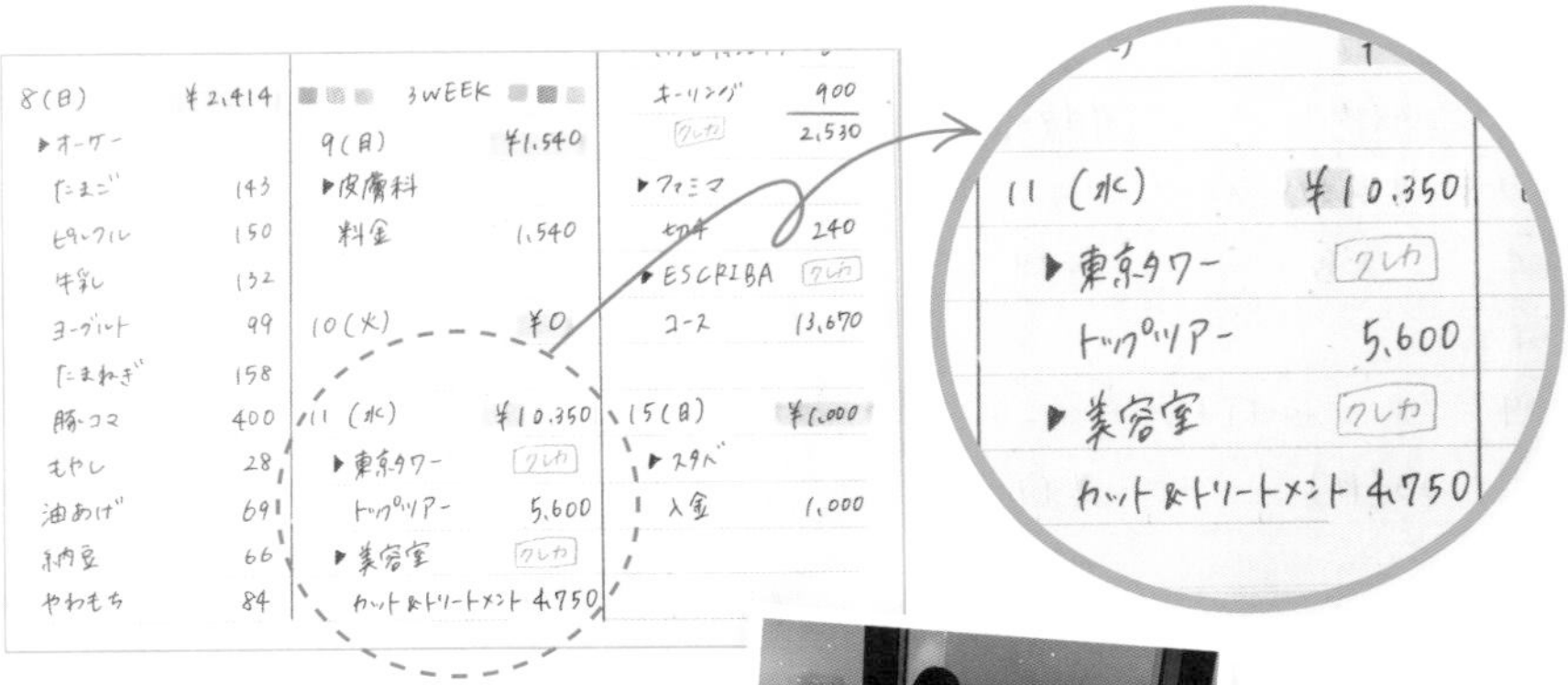

3月11日
東京タワーの頂上へ

彼の誕生日が近かったので、東京タワーの特別なトップデッキツアーをプレゼント。高さ250mからの夜景が素敵でした。スタッフの方が写真を撮ってくれたり、飲み物を出してくれたりして優雅な時間を過ごせました。

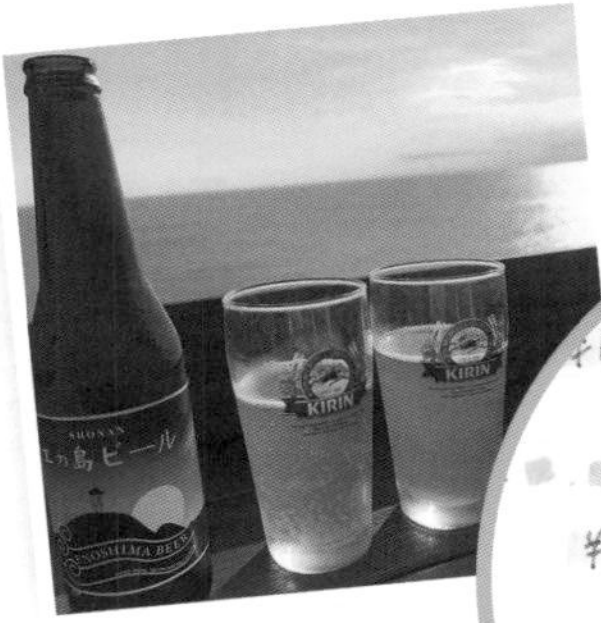

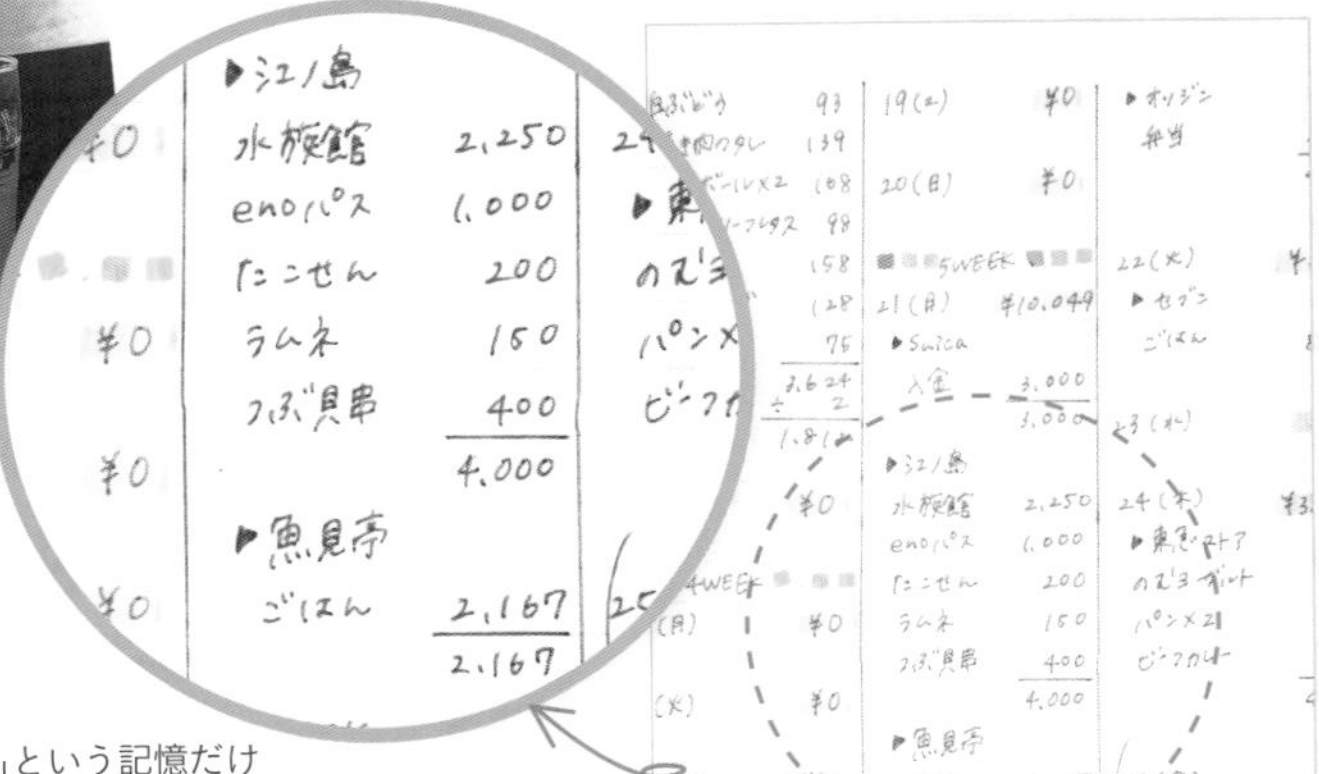

8月21日
江ノ島に小旅行

「かなり歩き回って疲れたな」という記憶だけでしたが(笑)、家計簿を見ると、新江ノ島水族館→仲見世通り（たこせんとつぶ貝串のおやつ）→海一望の店でランチ→植物園へ、と相当充実した1日だったことがわかります。

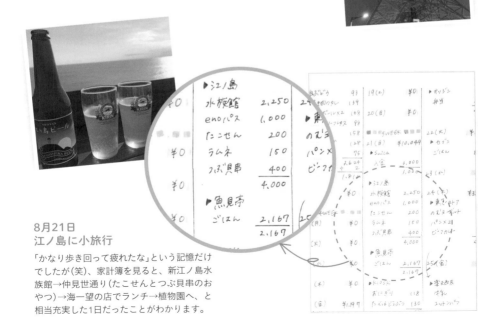

ボーナスは全額貯金しています

みなさん、ボーナスはどうしていますか？　「ふだんは節約して、ボーナスの何割かをご褒美として使う」「親孝行する」など、いろいろな考えかたがあるかと思います。

私はといえば、今までボーナスは使ったことがありません。

すべてありがたく貯金しています。

理由は3つあります。

1つ目は、特にこれといって欲しいものがないから。正確に言えば、その時期にさしせまって欲しいもの、必要なものがないならあえて使わない、という感じです。

もっと言えば、ボーナス時期じゃなくても「必要なものは必要なときに買う」というふうにしています。

2つ目の理由は、「もともとないもの」と考えているから。

ボーナスは必ずもらえるものではありません。業績が悪化すると最悪支給されない、なんてこともありますし、支給されたとしても金額はまちまちです。コロナ禍で社会情勢が不安定になり、「ボーナスがもらえるのは当たり前じゃない」ということを改めて痛感しました。ボーナスに頼らず、月々のお給料だけでやりくりできるようにしておきたいと思っています。

3つ目は、何よりも、貯められるときに貯められるだけ貯金したいから、というのが最大の理由です。いざというとき、何か買いたいものができたときや大きな出費が必要になったときに、いつでもその貯金を使えるように準備している、という感じです。

「ボーナス月はお給料が倍になる感じでうれしい!」と気持ちは浮き立ちますが、リセットデーにおろす金額も、買い物の仕方も、特にいつもと変えないようにしています。

臨時収入という意味では、おかげさまでInstagramなどを通じてもお金をいただけるようになりました。主にPRの案件などです。

そもそも私はそうした案件をめったにお受けすることがなく、紹介するとしても本当にいいと思ったものだけなので、たくさんというわけではありません。

それでもいくらかのお金は発生します。そのお金は父の会社に移管され、私の収入や貯金にはなっていません。一度だけフォロワーさんへのプレゼント購入に使わせていただきました。

フォロワーさんからの質問に答えます！

家計簿を再開するときに「誰かに見てもらえば続けられるかな？」と思い
Instagramをはじめました。以後、みなさんと情報交換したり、
励まし合ったり……。私の経験もお役に立っているようでうれしいです。

**貯金生活を始めて
一番苦労したことは
なんですか？**

A 自分に合った貯金方法を見つけるまでが一番苦労した気がします。ほかの人はその方法でできていても、私にはできなかった、などもあり……。貯金自体はとても楽しく続けられています。

**ネット全盛の世の中、
自分をさらけだすことは
怖くなかったですか？
身バレもしやすいですし……。**

A 特に不安はありませんでした。顔は出していませんし、特定につながるような個人情報は載せていません。それよりも、同じような境遇の方や、家計簿をがんばりたい方とたくさんつながることができて、とてもプラスに感じています！

**春から社会人で一人暮らしが始まりますが、
家賃補助がありません。お金は貯まるのでしょうか？**

A 家賃補助がある、ないというのも大切なのですが、お給料を総額でいくらいただけるのかでずいぶん変わってきます。私の場合、家賃補助は7万4000円ありますが、基本給は16万円ほどと少なめです。その分ボーナスや残業代、退職金の支給額が減ります。54ページでも触れますが、家賃は手取りの3割以内におさめると貯金をしやすくなります。ぜひ同じ会社の先輩などにどのくらい給料が出るのかをリサーチして、一度生活費を試算してみてください。

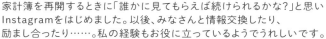

Q

カード使いがやめられず、現在4枚所有で、リボ払いありで必死に立て直し中です。いろいろやり直したいのですが、どこからはじめればいいかアドバイスいただけるとうれしいです。

A まず、自分の支出を把握してみてください。支出がわかったら、生きていく上で絶対に必要なお金と、必須でないお金を分けて考えます。そして必須でないお金を返済額に回します。ただ、娯楽が何もないというのは逆にストレスになってしまうので、月1万円など、娯楽費の額も決めておきます。大切なのは継続することです。その方法で続けていけそうだったら、生活費と娯楽費を見直してみてください。生活費で簡単に減らせるのは携帯代です。娯楽費については、お金を使う前に自分にとって本当に必要なのかを考えてみてください。リボ払いはカード会社にお金を借りている状態ですので、まずは貯金よりも完済を目指してみてくださいね。

Q

大学生で収入が限られていますが、どの項目が一番節約しやすいですか？

A 私の場合はまったく必要でなかったコンビニでの食費でした……。大学生に限らず、人によって絶対に必要な支出、必要でない支出は変わってきますので、まず、自分の支出の把握を行なってみてください。その中から、無駄だったな……と思ったものや削れそうだと思った項目の出費に気を付けてみるとよいと思います。

フォロワーさんからの質問に答えます！

Q

家計簿で管理していきたいと思うのですが、彼と二人でやりくりする場合、どうやったらうまくいくでしょうか？

A 私なら……のお話になってしまいますが、まず二人のお給料を合わせて収入とします。

自分の使ったお金はもちろん、彼にも使ったお金を把握しておいてもらいます。「レシートを取っておいてね！」くらいで構わないと思います。

週末になったらレシートを回収して、その他にクレカも使用していれば家計簿に書き込んでいきます。

彼の協力が必要になってきますが、私の場合は将来、これで管理しようと思っています！

Q

私は大学生なのですが、今のうちにしておいたほうがよいことはありますか？

A 私がオススメするのは、「お金の管理、貯金」「家族との時間をたくさんつくる」「親に料理を教わる」「本気でやりたいことをやってみる」です。

私は大学生のころはまったく貯金できていなかったので、このころから気を付けていればもっと貯められていたのではないかな……と思います。大学生のころの私に「家計簿をつけなさい！」と言いたいです（笑）。また、私自身、社会人になってから家族と離れることになったので、もっと家族との時間を大切にしておくべきだったなと感じています。一緒にどこかに出かけたり、こたつに入ってたくさん他愛もない話をしたり。

「本気でやりたいことをやってみる」に関しては、なんでもいいと思います。資格取得、海外旅行、趣味に没頭、アルバイトなどなど……。時間は有限です。ぜひ有効に使ってくださいね！

Chapter 2

暮らしの工夫で貯める

家計簿のおかげで、ついつい買っているものや
無意識に使っている無駄な支出が見えてきます。
そこを見直すと、その分、貯まるお金が増えるし、
好きなことや大切なことにお金が使えます！

「ふだんの暮らし」

家計簿を
つける以外に
何かしてる？
光熱費が
高くなりすぎない
工夫はしてるかな～
あと自炊
きゃー♡
（コロナで）
テレワークがメインに
なってからはお昼も
夜も自炊すること
多いよ～
えらいな～
おいしーーい♡
私なんて
しんどくてすぐ
コンビニ行っちゃう……

東京は家賃が高いからどうしても固定支出がかかっちゃうよね
ごちそうさま
でも裏を返せば
そんな東京で暮らせたら
ほかのどこでも暮らせるということ!!
自由だー!!
おぉ
逆転の発想!!

BEAUTY
必要なものはケチったりしないし
STUDY
暮らしを快適にするものはちゃんと吟味して買うようにしたり
お化粧品やネイルみたいな楽しみなものは
我慢せずに買うよ!
ライブにも行くし
ファンクラブにも入ってる…♡
会員証 No.
PRESENT
LIFE
使うところはちゃんと使って
締めるところは締めるって感じ?
ぎゅっ!!
そう
必要なものやそれによって自分が楽しくなるようなことには
て
お金は使うべきだと思うんだ

それとね
何か
ものを買うと
必ず場所代も
かかるんだよ
とくに東京は
家賃高いから
場所代かかってる
無駄なものを
買うと
もったいない
なるほど……
私も
いらないもの
買わない
ようにする!!
目から
ウロコ!!

東京での住まい探しのこと

［家計簿／固定支出：家賃］

東京での暮らしは社会人1年目の11月からです。大学も就職も地元だったので、ずっと実家から通っていましたが、東京に転勤が決まり、初めて一人暮らしをすることになりました。辞令を受けてから「暮らしていけるんだろうか」というお金の心配でいっぱいでした。

当時の私は生活に「いくらかかるか」以前に、「何にかかるか」すら、わかりませんでした。それでインターネットでいろいろ調べて、東京で一人暮らしをするときにかかりそうな生活費を書き出すことからはじめました。

ちなみに、それが今の家計簿の項目のもとになっています（一人暮らしのお金について私と同じ不安を抱えている方は、29ページの項目ごとの金額を目安にしてみてください）。

調べてみて、とにかく驚いたのは東京の家賃の高さです。

家賃は、固定支出として毎月、支払いが発生します。生活費を圧迫しないために、一般的には「家賃は手取り月収の3割までが目安」と言われています。

ところが、東京でその範囲で探そうとすると、通勤が大変だったり、生活に不便が生じそうで、家探しに苦戦しました。地元の四国なら、5万円も出せば家族で快適に暮らせる家が借りられるのに、東京の住宅事情は本当に大変ですね。

私が最低限、ゆずりたくなかった条件は次のことです。

●古くない（せめて築7年以内）
●バスとトイレは別。キッチンは2口コンロ
●地震、土砂災害・洪水の危険性が低い（市区町村が公表しているハザードマップで確認）

妥協しなければならなかったこともあります。

●家賃が手取り月収の3割を超えてしまった
●最寄りの駅から遠い（自転車を使うことにしました）
●1階（防犯上は良くないと言われますが、治安のいいエリアなので大丈夫だと判断）

最終的に決めたのは、東京23区内の静かな住宅地、1K6畳ロフト付き。家賃は高めですが、家で過ごす時間も大切にしたかったので、ここにしてよかったです。

最低限必要なものと、そうじゃないもの

一人暮らしをすることになって、もう1つ心配だったのは、最初にいろいろ買い揃えなければならない……ということでした。

あれこれ考えてみると、家電、家具、食器、掃除の道具まで、買わなければいけないものがこんなにあるのか！　と、実家暮らしのありがたさが身にしみました。

実際はどうしたかというと、なるべく実家にあるものを持っていきました。

そして、「絶対にないと困る」というものだけ、新しく用意しました。

経験者としてわかったのは、「必要かな？」「ないと困るかも？」と思っても、「迷ったら買わない」というスタンスで、暮らしながら必要を感じたときに検討していくのが正解だということです。

家具類は最低限、寝具と食事をするテーブルがあればなんとかなります。

家電については、絶対必要なのは左ページのものくらいでしょうか。アイロンを買おうかどうか迷いましたが、買わなくて正解でした。

テレビは用意しましたが、パソコンで動画も見られるので、不要だったな、と思っています。

私が思う 一人暮らしに最低限必要なもの

【家電】

- □ 冷蔵庫
- □ 洗濯機
- □ 電子レンジ
- □ 炊飯器

【雑貨】

- □ 鍋
- □ フライパン
- □ 包丁、まな板
- □ 皿
- □ カトラリー類
- □ ドライヤー
- □ タオル
- □ 布団
- □ 枕

特にこのなかで必要なのは、冷蔵庫、洗濯機、寝具です。私は自炊をするので電子レンジや炊飯器、調理道具は必需品ですが、そうじゃない方は最初はなくても大丈夫。自分のこだわりに合わせて選んで。

光熱費で効果のあった節約術

［家計簿／固定支出：電気、ガス、水道］

右も左もわからないまま一人暮らしがはじまりましたが、だんだん節約のコツのようなものがわかってきました。

特に固定支出になるものは、一度しっかり調べたり、ちょっとした習慣を身につければ、ずっと節約効果が続きます。がんばっているつもりがなくても支出が少なくなり、助かります。

電気代の工夫

ネットで調べて、東京ガスの「ずっとも電気1Sプラン」を選びました。一人暮らしでお得になる料金プランだったからです。また、電気とガスをセットで払うと割引になるサービスも利用しています。

どの会社のどのプランが最安かは、住む地域や電気の使いかたなどによっても変わるので一概に言えませんが、基本料金無料の「Ｌｏｏｏｐでんき」や、平日昼間の電気代が安くなる「シン・エナジー」なども人気があります。

どこを選んでも、なるべくアンペア数を下げれば、その分、基本料金は安くなります。

あとは「冷蔵庫には詰めすぎず適度な間隔を保って入れる」「使用していない場所やものの電源はこまめに消す」「エアコンを使用する場合は扇風機と併用する」「暖房はなるべくつけず、電気毛布を使う」「暖房便座の蓋を閉める(暖かい時期は便座の保温はしない)」などでしょうか。

ガス代の工夫

家庭用のガスには基本的に「都市ガス」と「プロパンガス」があります。プロパンガスは料金が高めなので、選択の余地があるなら都市ガスの家を選んでおくといいでしょう。

私の家のキッチンはIHなので、主にガスを使うのはお湯に関することです。「湯船にお湯をためたらすぐに入る」「冬以外はシャワーをこまめに止める」「食器はひどい油汚れじゃなければ水で洗う」ということを心がけています。

水道代の工夫

手洗いや食器洗いなど、水を出しっぱなしにすると、1分間で約12Lも水を使うそうです(東京都水道局調べ)。トイレも大で流すと8L、小で流すと6Lと、大きく違います。小で流してもシングルのトイレットペーパー3mくらいまで大丈夫らしいです。

また、洗濯機は時短モードで使うようにしています。

携帯代が月5000円ダウンした理由［家計簿／固定支出：携帯］

携帯代も固定支出の1つです。

もし、今大手3社（NTTドコモ、au、ソフトバンク）と契約しているなら、格安SIMを検討する余地は大いにありますよ！

私は大手から格安SIMに変えたとき、月々5000円くらい安くなりました。

さらに、また別の格安SIMに変えたときも月に1000円ほど下がりました。

同じスマホを同じように使いながらこんなに節約できるんです。毎月のことなので、1年、2年、3年……と積み上げていくと、とても大きな金額になります。

格安SIMという言葉は知っていても、「実際どうなのかな？　よくわからない」と躊躇《ちゅうちょ》している方は多いようです。事実、使っているのはまだまだ全体の2割くらいです（MMD研究所、2020年調べ）。

なぜ安いのかというと、格安SIMの会社は基本的に大手3社の回線を借りているのと、実店舗がほとんどないので、その分、経費がかからないためです。

気になる通信速度ですが、私が利用してきた2社ともストレスを感じることはありませんでした。回線が混む時間帯は多少遅くなりますが、苦痛に感じるほどではありません。それに、正直、慣れてしまいます(利用環境や目的によっても違うと思うので、ご参考まで)。

さて、格安ＳＩＭの中でも、ワイモバイル、楽天モバイル、ＵＱモバイル、マイネオ、ＬＩＮＥモバイルなど……どこの会社を選べばいいのかも悩みどころですよね。

料金的には、プランやキャンペーンなどが目まぐるしく変わるので、どこがベストとは言えません。でも、どこを選んでも大手3社に比べて大幅に安くなるのは確かです。

だから「1円でも安く！」と探すより、「今よりも安くなればいい」くらいの気持ちで、とにかく大手から格安ＳＩＭに切り替えることを優先してはいかがでしょう。

ちなみに私は今、ＬＩＮＥモバイルを使っています。ＳＮＳデータフリーといってＬＩＮＥ、Twitter、Facebook利用時のデータ通信量がゼロになるプランが、ＳＮＳをよく使う私にぴったりだからです(残念ながら２０２１年３月で新規受け付け終了)。

YouTubeをよく見る方にはＢＩＧＬＯＢＥモバイルの「エンタメフリー・オプション」が好評です。通信速度にこだわるならワイモバイル、ＵＱモバイルなどは定評があります。

食材はネットスーパーで週1回まとめ買い

［家計簿／食費］

食費について工夫していることは、大きく4つあります。

●自炊をがんばる（基本的に毎日自炊しています。体調管理にもなります！）
●野菜は旬のものを買う（そのほうが安いし栄養満点で鮮度がよく、季節感も楽しめます）
●献立は先に決めない（献立に合わせて食材を買うと予想外に高かったり半端が出るので）
●買い物は週1回、まとめてネットスーパーで（送料を払っても節約になります）

なぜネットスーパーを使うかというと、買い物に行くと、いろいろおいしそうなものが目に入り、余計な「ついで買い」が発生します。その回数が多ければ多いほど出費がかさみます。また、特売日を狙ってスーパーを巡ったりするのは時間のロスになります。お金も大事ですが時間はもっと大事ですよね。週1回にしているのも時短のためと、そのつど送料もかかるので、これくらいがほどよいペースだからです。

1週間分ぴったりに買うのが難しそう……と思うかもしれませんが、常に買う基本の組み合わせと、なくなったら補充する常備品を決めておくとサクサク買えて、無駄も出ません。

私のある週の買い物

これらで１週間のお昼ごはんと晩ごはんをつくります。「肉１種類」「旬の野菜2〜3種類」「きのこ」「豆腐」「納豆」「卵」が基本の組み合わせ。玉ねぎ、じゃがいも、冷凍ブロッコリー(便利です)、朝食のグラノーラと豆乳はなくなったら買う常備品。

じゃがいも、玉ねぎはなくなったときに買い、切らさないようにする

野菜が足りないときは、もやしを買う

豆腐や納豆は毎週注文する

そのとき足りない調味料などもチェックして注文する

肉は豚肉や鶏肉を中心に、そのとき特売になっているものを買う

１週間分なので、保存のきくたんぱく質を買う(冷凍シーフードミックス、魚缶など)

野菜は2〜3種類買う(じゃがいも、玉ねぎ以外で)

きのこ類と卵は必ず買う

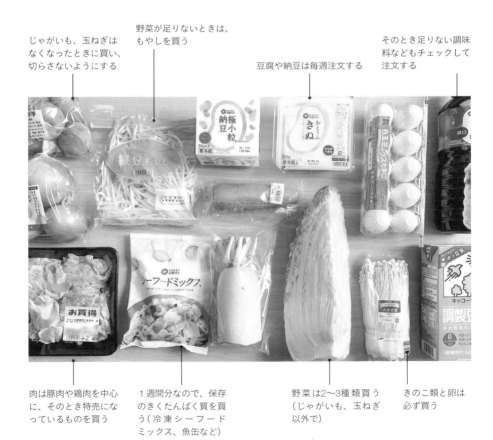

平日の晩ごはんは2日分作る

［家計簿／食費］

「献立は先に決めない」と書きましたが、安くて食べたい食材を買い、それを眺めて「何をつくろうかな」と考えます。引っ越し祝いにいただいた『帰ってからでもすぐできるおかず400レシピ』（市瀬悦子著、学研プラス）という本や、ネットのレシピを見ながら、そのとき家にあるものでアレンジする感じです。

健康のために、晩ごはんは一汁二菜（汁物＋メインのおかず＋副菜）以上を心がけています。

ですが……仕事でしんどかったり、やる気が出なかったりで自炊したくないときもあります。それに、母も言っていましたが、毎日献立を考えるのがめちゃくちゃ面倒くさい（笑）。

無理なく自炊を続けるために、平日は2日分まとめてつくることがほとんどです。同じおかずでも、2日目はちょっとアレンジしたり、トッピングを変えれば飽きません。

それも面倒なくらいクタクタに疲れているときは、冷凍餃子などを使って簡単にすませることもあります。冷凍食品だって立派な自炊ですから。

でも、ご飯だけはそのつど0・3〜0・5合ずつ炊き、ほかほかの炊きたてをいただきます。

平日の晩ごはんメニュー

木曜日
夜

● 豚こま大根 ● にんじん玉ねぎしいたけの味噌汁
● やみつき白菜 ● 冷ややっこ ● ご飯

＼ メインメニューはこれ！ ／
豚こま大根

【材料 2人分】
大根 ………… ¼本
豚こま切れ肉
………… 100g
ごま油 … 大さじ½
しょうゆ、みりん、砂糖
……… 各大さじ1
和風だしの素
……… 小さじ½
水 ………… 100㎖
万能ねぎの小口切り
………… 適量

【つくり方】
1 大根は1㎝厚さのいちょう切りにし、豚肉は大きければ一口大に切る。
2 フライパンにごま油を入れて中火で熱し、豚肉を炒める。
3 肉に火が通ったら、大根を加えて炒める。
4 しょうゆ、みりん、砂糖、だしの素、水を加え、落としぶたをして煮る。
5 大根が煮えたら、器に盛り、万能ねぎをのせて完成。

火曜日
夜

● 豆乳シチュー ● わかめのごま油炒め
● ご飯

＼ メインメニューはこれ！ ／
レンジで豆乳シチュー

【材料 2人分】
じゃがいも … 2個
にんじん …… 1本
白菜 ………… ¼個
ウインナー … 6本
小麦粉 … 大さじ2
豆乳 ……… 300㎖
水 ………… 100㎖
コンソメキューブ
………… 1個
塩、こしょう
………… 各少々

【つくり方】
1 野菜はすべて食べやすく切り、耐熱ボウルに入れて塩、こしょうをふる。ラップをかけて、600Wの電子レンジで9分加熱する。
2 取り出して小麦粉をふって混ぜ、豆乳、水も加えて混ぜる。コンソメ、ウインナーも加える。
3 ふんわりとラップをかけて、600Wの電子レンジで6分加熱する。
4 取り出して混ぜたら完成。

ふきこぼれに
注意！

金曜日
夜

● 豚こま大根
● にんじん玉ねぎしいたけの味噌汁
● やみつき白菜
● 納豆 ● ご飯

豚こま大根、にんじん玉ねぎしいたけの味噌汁、やみつき白菜は木曜日の夜と同じメニュー。冷ややっこを納豆に変えただけ。

水曜日
夜

● 豆乳シチュードリア
● わかめのごま油炒め
● かぼちゃのポタージュ

わかめのごま油炒めは火曜日の夜と同じメニュー。かぼちゃのポタージュはインスタント。ドリアはご飯の上に豆乳シチューと、ピザ用チーズをかけてオーブンで焼いたもの。

昼ごはんは麺や丼でささっと

［家計簿／食費］

新型コロナウィルスの影響で、就職2年目の3月から在宅勤務が増えました。IT関係ということもあり、在宅になっても仕事内容はあまり変わらないのですが、食費の面では影響が！　無料の社員食堂が使えなくなってしまったので、食費が以前より高くなりました。

それでも自炊しているので、少しの食費アップですんでいます。お昼ごはんを外食やテイクアウト、市販のお弁当などに頼ると、結構家計を圧迫しますよね。かといって時間をかけるわけにもいきません。お昼休憩60分のうちにつくって↓食べて↓片付けまでするので、調理時間10分以内、かつ、パパッと食べられる簡単ランチが定番になりました。冷凍うどんやパスタ、昨夜のおかずの残り、など。

ちなみに、社員食堂がなかった地元勤務のときはお弁当をつくっていました。前日の残りのおかずや冷凍食品などをメインに詰めた簡単なものです。お弁当用の食材費は1カ月で3000〜4000円でした。この予算で外食ランチなら……1週間もちません！

よくつくるお昼ごはんメニュー

卵をからめ
ながら食べる

レンジでつくるとろ玉うどん

【材料1人分】
冷凍うどん ……… 1玉
卵 ………………… 2個
豆乳(または牛乳)
………… 大さじ2
和風だしの素
…………… 小さじ1
マヨネーズ … 大さじ½
かつお節 ………… 適量
バター …………… 10g
黒こしょう ……… 適量

【つくり方】
1 耐熱ボウルに卵、豆乳、だしの素、マヨネーズを入れてよく混ぜる。
2ラップをかけずに600Wの電子レンジで1分30秒加熱し、取り出して混ぜ、さらに30秒加熱する。
3冷凍うどんは袋の表示どおりに電子レンジで加熱する。
4 **2**にかつお節、バター、うどんを加え、よく混ぜ合わせる。
5器に盛り、黒こしょうをかけて完成。

やみつき和風パスタ

【材料1人分】
パスタ …………… 80g
豚こま切れ肉
………… 50〜70g
水 ……………… 500mℓ
塩 ……… ひとつまみ
ごま油 ……… 大さじ1
しょうゆ …… 大さじ¾
卵黄 ………… 1個分
万能ねぎの小口切り
……………… 適量

【つくり方】
1耐熱容器に半分に折ったパスタ、豚肉、塩、水を入れ、ふたかラップをして600Wの電子レンジで袋の表示時間+5分加熱する。
2取り出して湯を捨てる(私は湯を捨てずに鍋に移して火にかけ、コンソメキューブ、溶き卵を加えてスープにします！)。
3パスタにごま油、しょうゆを加えて混ぜ、器に盛る。卵黄、万能ねぎをのせたら完成。

パスタも
電子レンジで

2人分つくって
翌日のランチにも

中華丼

【材料2人分】
温かいご飯 ……… 茶碗2杯分
冷凍シーフードミックス … 80g
白菜 ……………………… 1枚
にんじん ………………… ⅓本
おろししょうが(チューブ)
……………………… 1cm分
鶏ガラスープの素 … 小さじ2
水溶き片栗粉
（片栗粉、水各大さじ1）
ごま油 …………… 大さじ1
水 ……………………… 300mℓ

【つくり方】
1白菜はざく切り、にんじんはたんざく切りにする。
2フライパンにごま油を中火で熱し、**1**、シーフードミックスを炒める。おろししょうが、鶏ガラスープの素、水を加えて5分煮る。
3水溶き片栗粉を加えてとろみをつける。
4ご飯を器に盛り、**3**をかけて完成。

食材を使い切るためにやっていること
［家計簿／食費］

62ページに書いたように、私はネットスーパーで1週間分、まとめて食材を買っています。注文するのはだいたい週末で、届くのは月曜日です。

週の後半になってくると、使い切れなさそうな食材が出てきます。また、白菜や大根などは、小さめのものを買っても、一人ではもてあますこともあります。

では、どうするかというと、腐らせる前にとりあえず冷凍してしまいます。

「これは冷凍できるかな？」とネットで調べてみると、ほとんどの食材は冷凍できます。私がびっくりしたのは、玉ねぎや、にんじん、もやしまで……!!

こま切れ肉やひき肉などは、1度に使う量をラップで包んでまとめて冷凍すると便利です。

安くてヘルシーな鶏むね肉は冷凍すると、どうしてもパサつきが気になりますが、マヨネーズを揉みこんでから冷凍すると、しっとり柔らかく、とてもおいしくいただけます。

こうして冷蔵庫を空っぽにしてから、また週末に新たな食材を注文するという流れです。

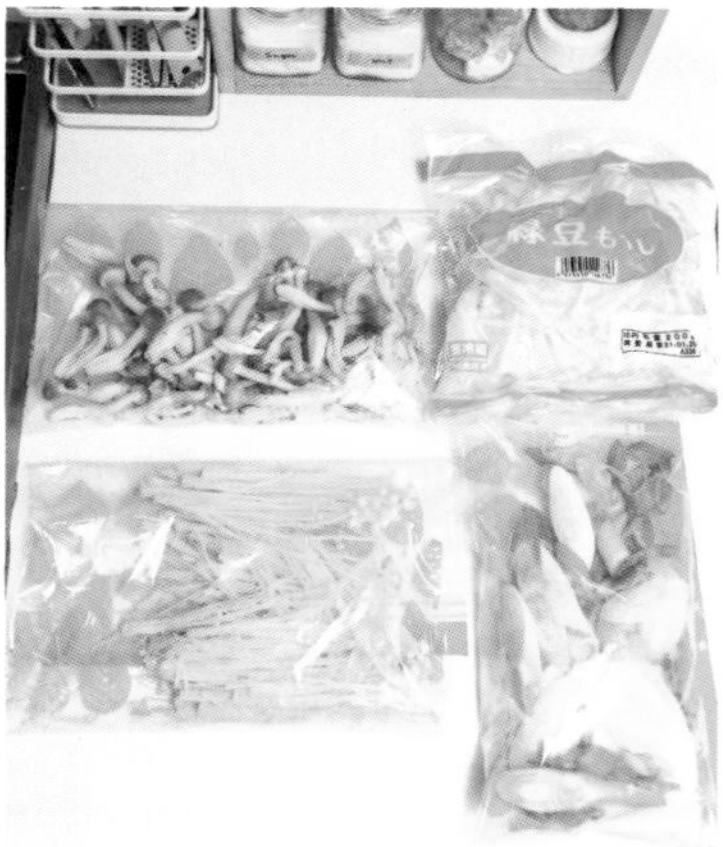

野菜は悪くなる前にとにかく冷凍

食べやすい大きさに切ってから保存袋でひとまとめに。平らに広げた状態にすると早く凍り(＝傷みにくい)、使うときにも便利。きのこ類は冷凍すると栄養価がアップするそう。

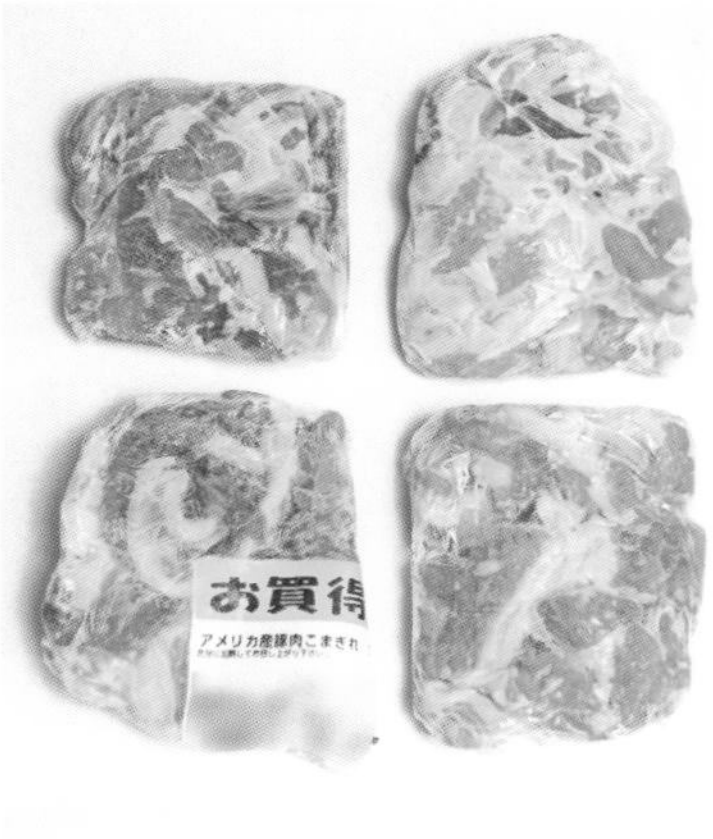

肉は1回分ずつに小分けして冷凍

解凍したものは再冷凍できないので、100〜200gくらいに分けておくと、どんな料理にも一度に使えて便利です。私は1カ月くらい冷凍保存していますが、心配な方はお早めに。

鶏むね肉はマヨネーズを加えて冷凍

一口大に切ってから保存袋に入れ、マヨネーズを全体にいき渡るくらい(むね肉1枚で小さじ1杯ほど)加えます。袋の上から揉んで肉になじませてから冷凍庫へ。このまま焼くだけでも1品完成！

調味料とキッチンツールは最低限で

［家計簿／食費］

だんだん自炊に慣れて、よく使う調味料、買っても使わない調味料がわかってきました。ほぼ毎日、自炊している私ですが、使っているのは左ページのものだけです。それに、使わないのに保管しておくと場所もふさいでしまいます。余らせて賞味期限が切れてしまっては、それこそ無駄買いです。

油は基本、サラダ油とごま油のみ。オリーブオイルやお酢はほとんど使いません。好みにもよりますが、一人暮らしなら買うとしてもなるべく小さいサイズの調味料でよいと思います。

ポン酢しょうゆは実家にあったので最初に買いましたが、一人では使い切れませんでした。ごまドレッシングも豚しゃぶ用に買ったものの、小さいサイズでも余らせてしまいました。

このようなタレやドレッシング系は、できる限り自分でつくるようにしています。

キッチンツールは引っ越したころ（56ページ）より、かなり増えていますが、コンパクトなキッチンなので、これ以上は増やさない予定です。

＼ 調味料はこれだけ ／

常温で保存

- □ 塩
- □ 砂糖
- □ コンソメキューブ
- □ ごま
- □ こしょう
- □ ドライパセリ
- □ 和風だしの素
- □ 鶏ガラスープの素
- □ 小麦粉
- □ 片栗粉

冷蔵で保存

- □ しょうゆ
- □ 味噌
- □ みりん風調味料
- □ 酒
- □ マヨネーズ
- □ トマトケチャップ
- □ チューブしょうが
- □ チューブにんにく

＼ キッチンツールはこれだけ ／

- □ 鍋×1
- □ フライパン×1
- □ 泡立て器×1
- □ フライ返し×1
- □ ゴムべら×1
- □ キッチンバサミ×1
- □ ピーラー×1
- □ 玉じゃくし×1
- □ 計量スプーン
（大さじ、小さじ、小さじ½×各1）
- □ 菜箸×1
- □ 包丁、まな板×各1
- □ ボウル、耐熱ボウル×各1

おやつも手作りして楽しむ

〔家計簿／食費〕

「以前貯金できなかったのはなぜ？」と考えてみると、まず思い浮かぶのはコンビニスイーツ。昔はコンビニのスイーツが大好きで、ランチのついでにお菓子を買ったり、切手を買いに行ってもスイーツコーナーに立ち寄って、「新商品は買うのが当然」くらいに思っていました。

今はめったにコンビニには行きません。だって高い……！

スーパーで買えば、かなり安く買えます。スイーツもネットで食材と一緒に注文しています。

もっといいのは、手作りすること。

といっても、本当に簡単なものばかりです。特別な道具も必要なく、電子レンジやフライパンでつくれるような。それでもとってもおいしいし、つくることが気分転換にもなっています。

さて、ここまで食費についての工夫をたくさん書いてみました。項目別の集計で毎月、一番多くかかるのは食費だからです。かといって、食事を我慢するのは精神的に良くないし、健康にも影響します。だから、質を落とさず、時短にもなる節約をしています。

手軽な材料ですぐできるおやつ

餃子の皮できなこもち風

【材料 1人分】
餃子の皮 ………………… 5枚
きなこ …………… 大さじ3
砂糖 ………………… 大さじ3

【つくり方】
1 鍋に湯を沸かし、餃子の皮を2～3枚ずつ入れ、15～20秒ずつゆでる。
2 1に火が通ったら、氷水につけて冷やし、水けをきる。
3 きなこと砂糖をまぶし、3回半分に折って完成。

レンジで2分 スノーボールクッキー

【材料 16個分】
薄力粉 ……………… 100g
砂糖 ………………… 40g
サラダ油 …………… 40g
バニラエッセンス … 数滴
粉砂糖 ……………… 適量

【つくり方】
1 ボウルに粉砂糖以外の材料を上から順に加え、加えるごとによく混ぜ合わせる。
2 16等分して丸め、間隔をあけて耐熱皿にのせ、ラップをかけずに600Wの電子レンジで2分加熱する（ターンテーブルの場合は中心を避けて置く）。
3 取り出して冷まし、粉砂糖をふって完成。

イベントデーや人が来る日の工夫

［家計簿／外食費］

誕生日や週末のデート、会社のチームで行く飲み会など、外食も好きです。楽しい時間のために使うものなので、出費を惜しまず、誘われたら喜んで出かけます(コロナ禍は除いて)。そういうことまで我慢したり無理に厳しくするのは一番ダメだと思っています。ほとんどの日は自炊をしているので、たまにする外食はお金のことは気にせずに楽しみます。

もちろん、彼や友達と「家で食べようか」となることもよくあります。「節約のために」と考えているわけではありませんが、やはり結果的に安くすむのは事実です(笑)。「先週は旅行でお金を使いすぎたかな」「今月は多めにお金を残したい」というときなどにも、おうちディナーは助かります。

そういうときも、がんばろうとしすぎないのがコツです。大げさにすると疲れてしまうので、つくるのは1品くらいで、あとはサラダやピザなど買ったものを持ち寄ります。

最近はBRUNO(ブルーノ)のホットプレートも大活躍。これを使えば、お鍋や焼肉などメイン料理のイベント感、おもてなし感が増します。

家時間を楽しむために買ったホットプレート

BRUNOのホットプレートは、コンパクトなサイズで、セラミックコートの鍋と、たこ焼きプレートもついた優れもの。焼肉やお好み焼きなどの焼き物はもちろん、鍋をしたり、たこパをしたり……。1万3000円ほどと高めだけれど、買ってよかったです。

クリスマスデート2019、クリスマスデート2020

2019年(写真右)はなんとなく「家で過ごそうか」となり、私の家で彼とパーティ。材料費3000円ですみました。2020年(写真左)はコロナのこともあって彼の家で。オムライスをつくってくれました(彼も自炊をはじめた！)。それ以外は私が買って行き、2人分で7258円でした。

日用品はストックしない

［家計簿／日用品］

日用品とは洗剤やトイレットペーパーなど、スーパーマーケットやドラッグストア、ホームセンターなどで購入する生活用品のことです。

私は「節約のためにがんばらないこと」をいくつか決めていますが、日用品をわざわざ安売りのお店で大量買いしたり、特売の日にまとめ買いしたりしないのも、その1つです。ストックするのではなく、なくなりそうになったら買います。一人暮らしにストックの意味はほぼないと考えています。

だから、「そろそろなくなりそうだ」と気づいたらリストアップしておき、週1回のネットスーパーで食材と一緒にまとめて注文します。

なぜストックしないのかというと、まず、一度買ったらなかなか使い切れないからです。なくなるまでに数カ月、半年、ものによっては数年もつものもあります。その間にもっといい商品が出る可能性がありますし、さらに安く販売されることもあります。

そして、「ストックしない＝場所の節約」になります。

当然ですが、収納スペースや棚の空間にも家賃はかかっています。数百円安く買った大量のトイレットペーパーや洗剤が場所を占領していたら、そのスペースの家賃は毎月いくらになるでしょう？

狭い部屋で少しでも快適に過ごすためには、すみずみまで有効に使ったほうがいいですよね。

さらに、使っていないものは収納スペースの奥のほうに押し込みがちです。

人間の記憶力は限られているので、見えていないものは、あるのかどうか、わからなくなります。安売り品を見つけたときに「ストック、どれくらいあったっけ？」といちいち考えたり探したりする時間がもったいない。

悩む時間＝時間のロスです。それなら「ストックはなし」と決めて、使っているものがなくなりそうになったときに買うほうが効率的です。

以上、無駄な出費を抑えるためにはもちろん、「もう少し広い部屋に住めたらなぁ」「忙しくて余計なことまで考えたくない」と悩んでいる方も参考にしていただければと思います。

健康のためにすること、しないこと

［家計簿／医療費］

お金と健康のどちらを優先するかと聞かれたら、私は迷わず健康です。

健康維持に関わるお金は削りません。節約することで健康に悪影響が出るなら、それは選択肢から外します。これも「節約のためにがんばらないこと」の1つです。

そのせいで貯金に回すお金が減っても、むしろ「健康貯金に励んでいる」と考えています。


大学生時代にアルバイトでかなり体を酷使していた時期があります。当時は疲労のためか、月に1回くらい扁桃炎《へんとうえん》にかかって高熱を出していました。

そのたびに医療費もかかるし、その間は働けないので収入も減ってしまいました。

「身体は資本」です！

体調を崩してしまうと、病院代や薬代がかかり、金銭面でも辛くなってしまいます。

身体を壊してからでは遅いので、その前にふだんから健康第一で過ごしたほうが、お金の面でも、それ以外でもいいことばかりです。

私が健康のために気を使っていることは次のことです。

●3食欠かさない(野菜を多めにバランスよく)
●お風呂に浸かる(夏でも最低週1回。そのためのガス代と水道代は気にしない)
●冷房や除湿・加湿など、部屋の環境は快適さ優先(そのための電気代は気にしない)
●たくさん寝る(1日7~8時間。疲れたら無理せず早めに布団に入る)
●ちょっとでもしんどいと思ったら栄養ドリンクを飲む(冷蔵庫に常備)

「20代にしてはめずらしい」と言われるほど、健康に気を使っています。

運動もしなきゃとは思いますが、ジムに通ったりスポーツをしたり、ということまではなかなかできていません。家で、腹筋と腕立てと、足を上げる体操をするくらいです。

でも、会社に自転車通勤しているので、それが健康維持にも役立っています。

と言いながら、自転車通勤は、健康のためというより、通勤ラッシュの殺気が怖くてそうしている、というのも本音です。地方出身者の、都会生活あるある、かもしれません(笑)。

みなさん歩くのが早いので、ちょっとでもウロウロ迷うと邪魔になりそうで……。毎日、通勤電車に乗っている方、本当にお疲れ様です!

趣味や旅行中は我慢しない

［家計簿／娯楽費、趣味］

家計簿では「娯楽費」と「趣味」を分けています。

「娯楽費」は、レンタルビデオ、雑貨、ちょっとしたレジャーなどの比較的少額な支出。「趣味」は、自分の趣味のために使った支出。好きなアーティストのグッズやライブなど。迷うところですが、友達との外食やカフェは娯楽費ではなく、すべて「外食費」に含めています。

私の暮らしは質素なほうかと思いますが、「娯楽費」や「趣味」はわりと使っています。

要は、メリハリです！

こういう好きなことにお金を使っているので、「節約をがんばっている」という気が自分でしないのかもしれません。おかげでストレスを感じることなく、貯金できています。

でも、湯水のように使っているわけではありません！

趣味のライブは年に多くて3～4回と目安を決めたり、ライブのたびにCDは買わずにDVDだけにする、という感じで自制しながら楽しんでいます。

かわいいキャラに癒されます

キャラクターショップやイベントに行ったときに欲しいものがあれば、我慢せずに買って部屋に飾っています。在宅勤務で部屋にいることも多いので癒されています。

アーティストグッズは自分の楽しみのために

PerfumeとWEAVERの大ファンで、ライブに行ったときはグッズを買うことも。社会人になって自分でお金を稼げるようになってから念願のファンクラブに入会しました。

旅行先では散財してもOK

時には彼や友達と遠出することも。この写真は成田への小旅行で、名産のうなぎを食べたときのもの。高額でしたが、本当においしかったので、これにしてよかったです。

洋服はハンガーの数で管理する

［家計簿／衣服費］

服やバッグ、靴などの衣服費は１つ買うと何千円と大きな出費になります。家計簿をつけていて「うーん、買いすぎたな」と反省することも多くありました。

そこで私は、ハンガーの数を決めました。普通のハンガーが35本、２着分掛けられるボトムス用のハンガーが６本です。そこに、オールシーズンの服をすべて掛けています。

ハンガーの数を決めると、新しい服を１つ買うときに古い服を１つ捨てることになります。「この服、欲しい！」と思ったら、代わりにどの服を捨てるのか考えなければなりません。「捨ててまで本当に欲しいの？」と一瞬立ち止まることで、衝動買いを抑えられます。

また、すべての服がハンガーに掛かっているので、お店のように見やすく、持っている服をひと目で把握できます。新しい服を買うときにコーディネートしやすいものを選べますし、おかげで毎日の服選びも簡単になりました。

何より、アイロンがけも不要になり、衣替えの必要もなく、いいことばかりです。

洋服は ハンガーの数で管理

ハンガーが増えないように洋服は「一買一捨」。ハンガーを揃えることでクローゼットの見た目もすっきり。気分も上がります。ハンガーはKEYUCA(ケユカ)で購入しました。

洋服は着回しできて、長持ちするアイテムを

ファッションは着回しができるアイテムを選んでいます。以前はファストファッションも買っていましたが、最近は少し高くてもいいから長持ちする洋服を買うように心がけています。

在宅勤務中に購入したもの

［家計簿／特別費］

毎月かかるわけではない支出があります。それが「特別費」です。たとえば誰かへの特別なプレゼント、急に必要になった家電や家具、泊まりがけの旅行などといった高額な支出です。

ちなみに、日帰りでのドライブ旅行は「娯楽費」、泊まりがけの旅行は「特別費」にカウントしています。結婚式なら、ご祝儀は「特別費」、そのために服を新調したら「衣服費」です。

新型コロナウイルスの影響で在宅勤務になり、仕事を効率的に行なうため、急遽、机と椅子、ノートパソコン用のスタンドを購入しました。また、家にずっといるので除加湿空気清浄機と、浄水器の必要性も感じました。

こうしたものも、すべて「特別費」になります。

「いざというときのために特別費貯金をする」という考えもありますが、私はそれはしていません。日頃から普通の貯金をコツコツ増やしておけば、必要なときに、いつでも、何にでも使うことができます。

机と椅子のセットとノートパソコン用のスタンド

在宅勤務になり、朝から夕方まで長時間家で作業するので、必要に迫られて購入。楽天市場で見つけました。

除加湿空気清浄機

こちらも家にいる時間が長くなったため購入。部屋に対しては大型ですが、ほかの製品と比べて性能がいいものにしました。

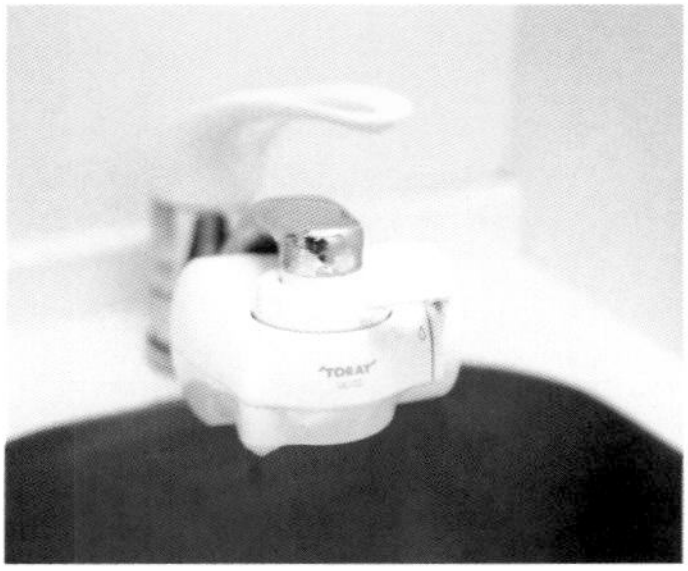

浄水器

買い物に行く回数を減らすため、蛇口直結型浄水器を取り付けることに。こちらを選ぶまでのプロセスはP.113に書きました。

美容費はハイ&ローで

［家計簿／美容費］

コスメもルールを決めました。それは、使い切ってから買うようにする！

当たり前のようですが、私はできていなかったんです。

もともとデパートコスメやクリスマスコフレなどにも目がなく、「流行りのものは買う！」

という感じでした。気がつくと使わない化粧品がすごく増えていて、なんてもったいない……

と反省しました。これこそ浪費です。

だからもう買い漁ることはやめて、使い切ってから買っています。でも、買うときには値段
は気にせず、ちょっと高くても一番良さそうなものを選びます。

そのほうが、安いものをいくつも持つより、コスパはいいはずなので。

ところで、私は美容院に行くのは半年に1回だけ。でも、きれいにかわいく保ちたいので、
ふだんのシャンプー、トリートメントにはお金をかけています。
ネイルはサロンに行ったことはなく、セルフでやっています。これは節約のためというより
半分趣味ですが。むだ毛も家庭用脱毛器を購入して、それでセルフケアしています。

ネイルは趣味なので たくさんあってもOK

セルフネイルは趣味と節約を兼ねて。YouTubeやInstagramを見て、いいなと思った色は買っています。無印良品のアクリルボトルスタンドを使って、「見せる収納」でインテリアにも。

カラーしないからこそ トリートメントにお金をかける

カラーをやめて黒髪に戻し中。傷みづらくケアもラクで、節約にもなります。その分、ホームケア製品にはお金をかけて髪質を改善中。

化粧品は使い切ってから 新しいものを使う

オペラ リップティント、キャンメイク クイックラッシュカーラーなどは安くて優秀！　今は前に買ったものをせっせと消費中です。使い切る達成感もなかなかいいですね。でも、新しいコスメのドキドキワクワク感も大好きなので「早く味わいたいな」とそれも楽しみ。

プチプラでもかわいいインテリアにしたい！〔家計簿／その他〕

ここまでのうち、どこにも該当しない支出は家計簿で「その他」になります。

たとえば、２０２０年のゴールデンウィークはおうち時間を利用して、キッチンの壁をリメイクしました。「リメイクシート」を使えばはがせるので、賃貸でも道具がなくてもＤＩＹを楽しめます。リメイクシートはネット通販でも買えますし、１００円ショップにもあります。

同じくプチプラのフェアリーライトも買ってよかったものです。６畳１間で食事も仕事もすべて同じ部屋ですが、夜になってフェアリーライトを点けると雰囲気は一変。癒しのベッドルームに早変わりします。

どちらも１０００円足らずですが、家がもっと快適に、もっと大好きな場所になりました。

人から見たら無駄な出費かもしれませんが、自分が見て楽しいもの、幸せになれるものにお金を使うのはいいことではないでしょうか。

ほかには、資格や勉強、自分を高めてくれる本のお金も惜しまずに使うようにしています。

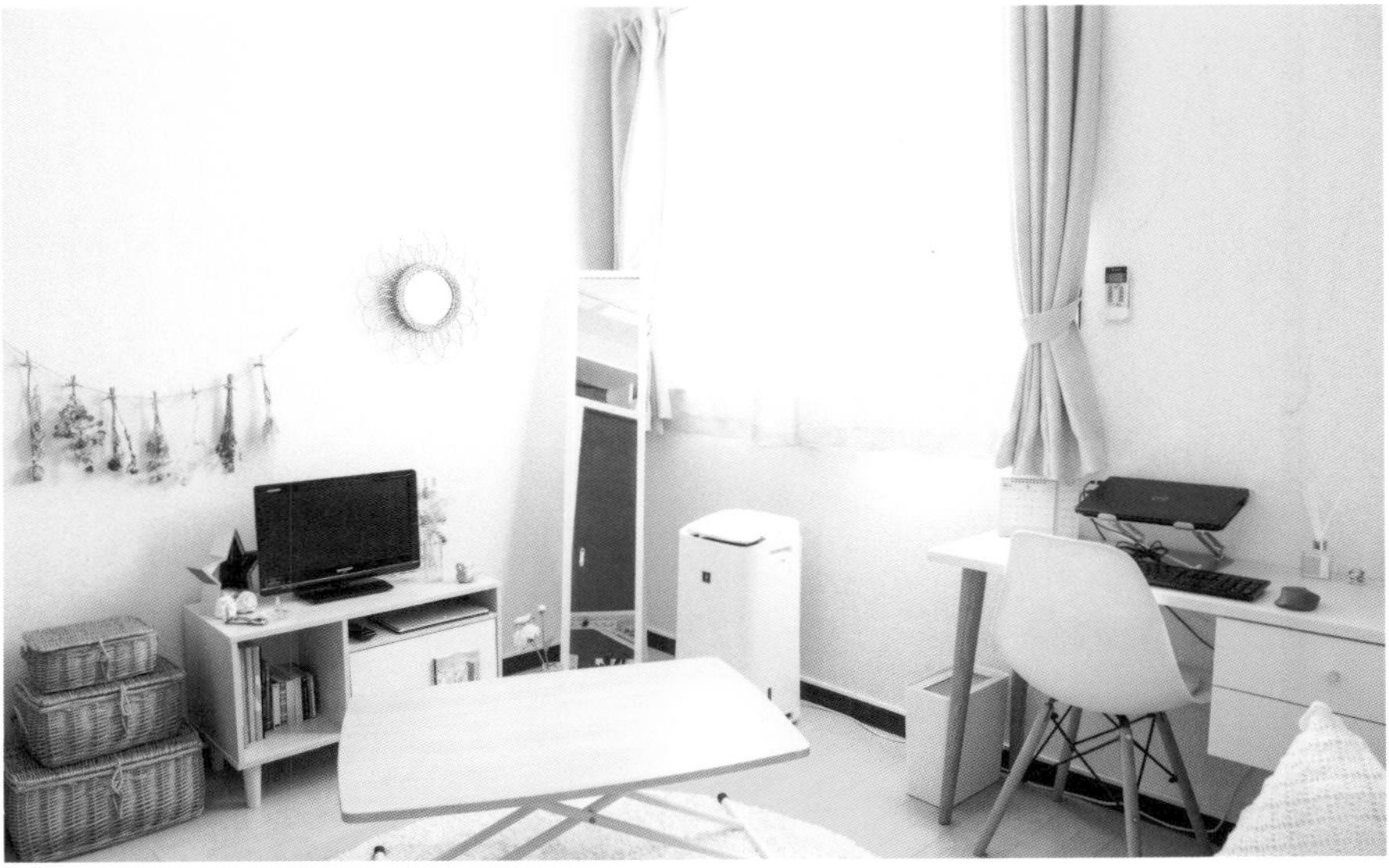

ワンルームの私の部屋

インテリアは心のうるおい重視で選びます。柳で編んだフラワー時計もバスケットもかわいいうえに実用的。ドライフラワーのガーランドは役には立ちませんが、あるとないとでは気持ちが大違いです。

テレビボードを買ったらすっきり

以前は2個で3000円以下のカラーボックスをテレビ台にしていました。でも、使い勝手がよくなくて不満がつのってきたので、専用のものを購入しました。

100均の壁紙でキッチンをプチリメイク

レンガのように見えるのが100円ショップのリメイクシート。調理台もグレーで無機質だったのでリメイクシートで白にDIY。玄関もクッションフロアを敷いてかわいくしました。

ネットショッピングで注意していること

「ネットショッピングで買いすぎた」「クレジットカードの請求額がやばい！」……こちら、数年前の私です。そんな私も、今ではちゃんと自制できるようになりました。

そこで、ふだんから心がけているネットショッピングの買いすぎを防ぐコツを紹介します。

このおかげで無駄な出費が抑えられるばかりか、「買ってよかった！」と心から満足できる買い物ができています。

勢いで買わない

「残り○個」や、「ポイント○倍」に惹かれて買うのはＮＧ。そのときの勢いで買うと、後から買わなくてもよかったと思ったり、もっといいものを見つけて後悔することが多いです。

とりあえず「買い物かご」に入れて数日寝かせると、冷静に判断できます。

送料無料のために注文金額を増やさない

本来、何にでも送料はかかるものです。送料無料になるからといって、さしあたって必要のないものまで追加で買うと、無駄買いにつながります。だから私は送料を払います！

暇つぶしにサイトを見ない

見ていると「あれも欲しい」「これも欲しい」と、どんどん欲しいものが増えていきます。買うつもりでいろいろ探すのはいいですが、暇つぶしにサイトを見るのはやめました。

メルマガやアプリの通知はオフにする

せっかくサイトを見ないようにしていても、メルマガやアプリの通知が来ると欲しい気持ちがふつふつと……。必要ないメルマガは解除したり、通知をオフにしています。

ポイントに踊らされない

「期間限定ポイントを使うために」という理由でも買いません。ポイントを使っても、いくらかは支払いが発生してしまうことがほとんどだからです。

そもそもポイントを増やすためにがんばる「ポイ活」にも熱心ではなく、メインで貯めているのは楽天ポイントくらいです。楽天の期間限定ポイントは、期限が近づいて失効しそうになったらネットショップではなく、「楽天ペイ(スマホ決済)」で街のお店で使っています。

株主優待で生活を楽しく

この章のテーマである「暮らしの工夫」という視点で、投資にも触れておきたいと思います。「よくわからない」「自分には関係ない」「ちょっと怖い」と思うかもしれませんが、暮らしを豊かにするために必要になってくる知識です。私も少しずつ勉強しています。

そもそも投資とは、株式や債券などを購入してお金を「育てる」ものです。

銀行預金の金利はかなり低く、そこに預けているだけではお金は増えません。でも、株式や債券などは、たとえば10万円を投資したものの価値が11万円に上がったり、9万円に下がったりします。そして、買ったときより高くなったら売る、また安くなったら買う、を繰り返すことによって、だんだん資産を増やすことができます。

ここで重要なのが、投資でお金を育てることもできますが、減ってしまうリスクもあるということです。一般に、大きく育つ可能性のあるものは大きく減るリスクがある、と言われます。また、買ったり売ったりを上手に繰り返すのには知識が必要で、時間も手数料もかかります。

だから、私が投資しているのは、大きく育つ可能性もない代わりに、大きく減るリスクも少ない、比較的安全な「大手企業の株」です。

そして、売買して利益を得るのではなく、長期で持ち続けて定期的に「配当金」というお金を受け取ることを目的にしています。配当金は銀行の利息に比べればかなり多いです。ただし、私はそんなに多くの株を持っているわけではないので、年に合計1万円くらいですが。

大手企業の中でも、自分がよく利用する店や会社の株を選んでいます。どんな会社か、なぜ利益が出るのか、業績のアップダウンなどがイメージできない株を買うのは危険だからです。

また、株を持っていると「株主優待」という魅力的な商品券をもらえます。

たとえば私が株を持っているファストフードの会社は、ハンバーガー＋サイドメニュー＋ドリンクセットのチケットを半年に10枚ほど送ってくれます(株を多く持っていればもっと届きます)。おかげでタダで食事できるので、ずいぶん食費の節約をさせてもらっています。

こうした株は、証券会社に口座を開くと購入できます。手数料がかかるので、街にある証券会社より手数料の安いネット証券を利用しています。

まずは証券会社のサイトで「株式」の情報を見てみてください。「配当利回りランキング」で配当金を期待できる株や、「優待検索」で株主優待の内容を調べることができます。

総資産を表にまとめてみる

みなさんは、口座をいくつ持っていますか？

私は、株の配当金はふだん使っている銀行口座ではなく、ゆうちょ銀行に振り込まれるようにしています。そして、配当金だけでなく、投資している株も私の「資産」ということになります。これは証券会社の口座に置かれています。

資産は銀行預金や株のほか、会社で積み立てているお金がある人はその累計額も、貯蓄型保険に入っている人は現時点で解約したらもらえるお金も、不動産を持っている人はその評価額も、とにかくすべてを合わせたものです。

私は銀行預金と株だけですが、それでもいろんな口座にバラバラと分かれていて合計がわかりづらい……。そこで、半年に一度、すべてを集計して現状を把握するようにしています。

これをしてみると、「貯金できていない」と思っている人も、意外に資産があることがわかって励みになると思います！　逆に、たとえ今は少なくても、プラスもマイナスも含めて現状を知ることは、今後に生きてきます。ぜひ定期的に総資産を表にまとめてみてください。

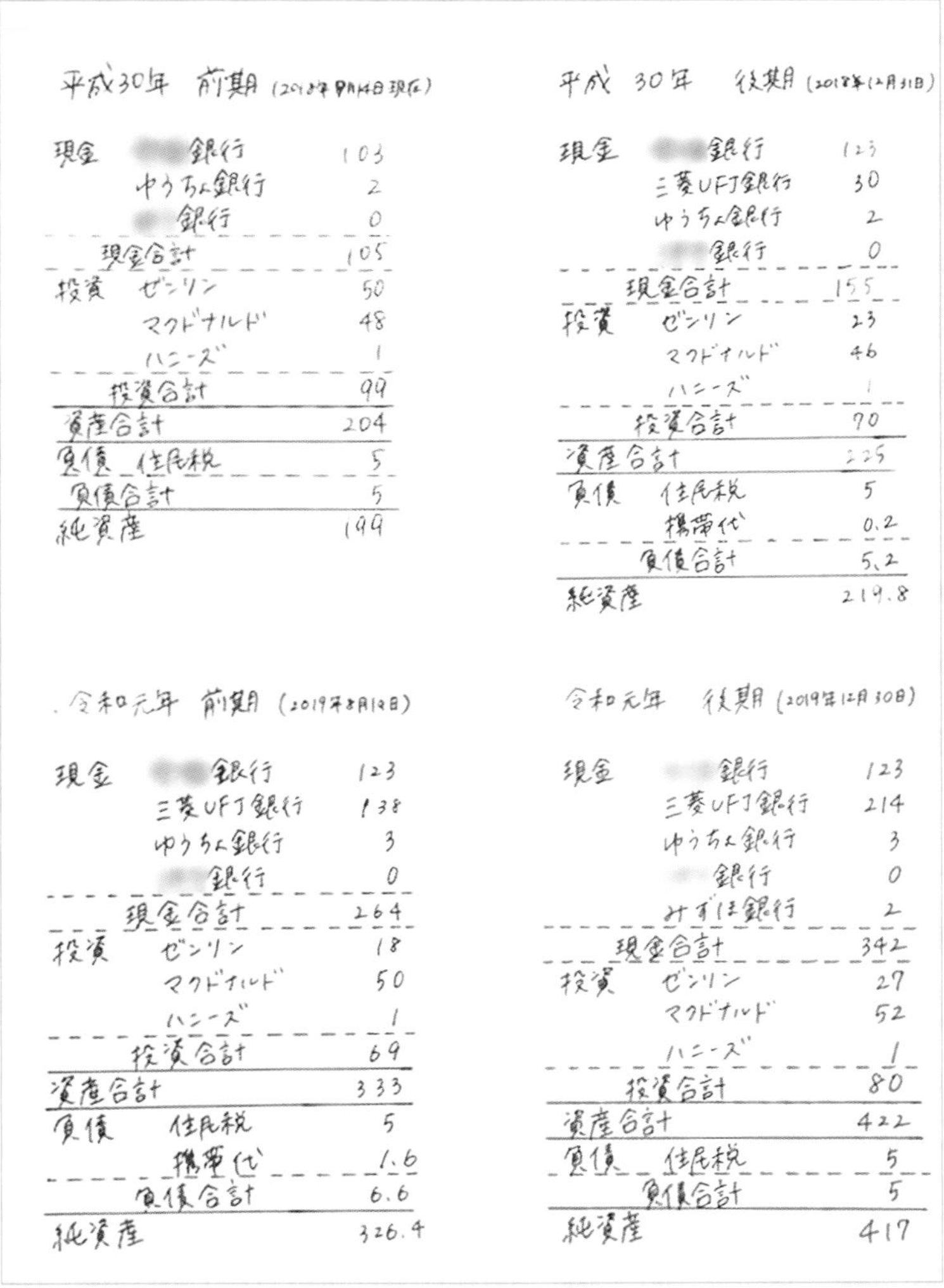

平成30年　前期（2018年9月14日現在）

現金	[redacted]銀行	103
	ゆうちょ銀行	2
	[redacted]銀行	0
現金合計		105
投資	ゼンリン	50
	マクドナルド	48
	ハニーズ	1
投資合計		99
資産合計		204
負債	住民税	5
負債合計		5
純資産		199

平成30年　後期（2018年12月31日）

現金	[redacted]銀行	123
	三菱UFJ銀行	30
	ゆうちょ銀行	2
	[redacted]銀行	0
現金合計		155
投資	ゼンリン	23
	マクドナルド	46
	ハニーズ	1
投資合計		70
資産合計		225
負債	住民税	5
	携帯代	0.2
負債合計		5.2
純資産		219.8

令和元年　前期（2019年8月12日）

現金	[redacted]銀行	123
	三菱UFJ銀行	138
	ゆうちょ銀行	3
	[redacted]銀行	0
現金合計		264
投資	ゼンリン	18
	マクドナルド	50
	ハニーズ	1
投資合計		69
資産合計		333
負債	住民税	5
	携帯代	1.6
負債合計		6.6
純資産		326.4

令和元年　後期（2019年12月30日）

現金	[redacted]銀行	123
	三菱UFJ銀行	214
	ゆうちょ銀行	3
	[redacted]銀行	0
	みずほ銀行	2
現金合計		342
投資	ゼンリン	27
	マクドナルド	52
	ハニーズ	1
投資合計		80
資産合計		422
負債	住民税	5
負債合計		5
純資産		417

今は使っていない地元の銀行口座も、解約するまでは残高を書いておきます（たとえ0円でも）。「負債」は借金やローンがなくても、これから払う予定がある税金などを記入します。

Column

私の家族と、お金について教わったこと

前のページの総資産表は、半年に一度、家族にも報告しています。大学生の弟もアルバイトをするようになってから見せ合うようになりました。

じつは、昔から父が家の資産を表にまとめていて、家族全員に見せていたのです。子どものころは興味もなく、「ふーん、そうなんだ」で終わっていましたが、今になって父の意図がよくわかります。

私はお年玉をほぼもらったことがありません。祖父に大きな借金があり、親戚付き合いが崩壊していたので、父はその尻拭いをしなければならず、ずっとお金に苦労していました。

お年玉の代わりに、父も節約してお金を貯めていたそうで、小学生の私に大手ファストフード会社の株券をくれました。それが92ページに書いた株式投資のはじまりです。

万一、父に何かあっても食べていけるように、そして自分でお金を増やす力がつくように、という思いがあったようです。しかも、毎年お年玉代わりに配当

金をもらえます。そこから父に教えてもらいながら、投資の練習をしてきました。

月々のお小遣いはくれました。それは「好きなものを買っていい」ということではなく、お金の管理の練習用だったと思います。

下の写真は当時のお小遣い帳です。市販の立派なノートではなく、チラシの裏に父が手書きしたオリジナルのフォーマット。私の家計簿のルーツと言えるかもしれません(笑)。これは、小1から高3まで続けていました。

「このグラフの使い方」として、表の下に父はこんなふうに書いています。

①各月に、月末までにもらった金額を書きます。

②次に、その月に使った金額を書きます。

③残金のところは「もらった金額―使った金額＋前月の残金＝残金」
　として記入します。

そして、残金をグラフに記入し、父が引いた線よりも上なら(つまり残ったお金が多ければ)、「ボーナスポイントで1000円支払います」とあります。

猫のイラストと「ニャニャニャニャ銀行」という名前つきで。

このお小遣い帳で、今私が意識している「収入―支出＝貯金の額」を教わりました。

貯金は架空の銀行にしていました。

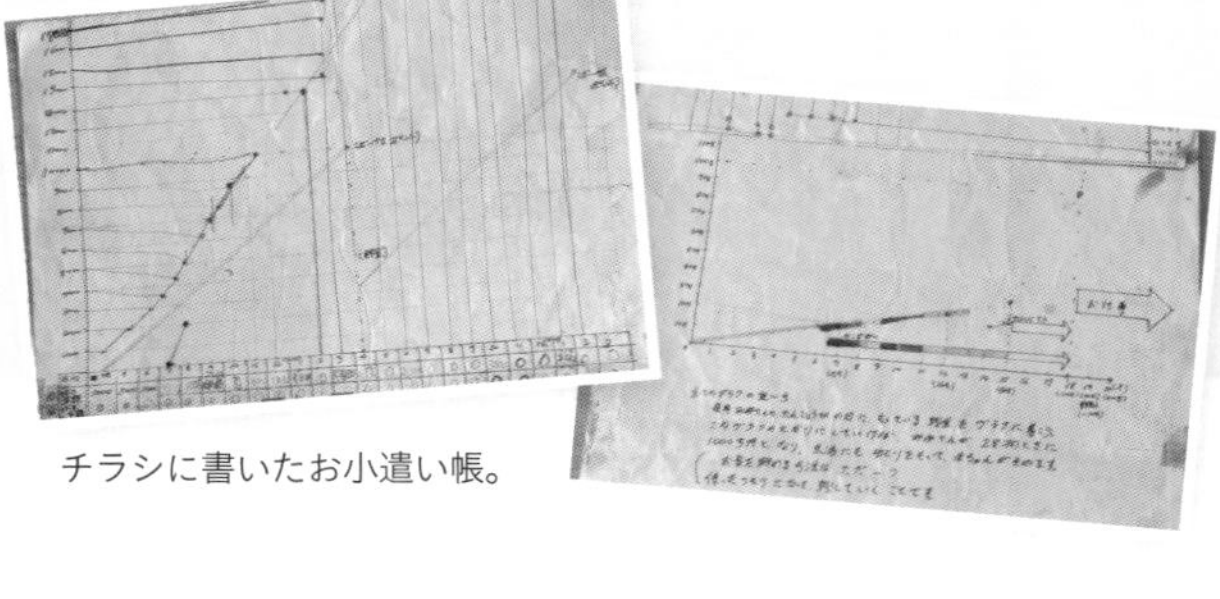

チラシに書いたお小遣い帳。

グラフの下には「このグラフのとおりにしていけば、ｍｉｉさんが28歳のときに１０００万円となり、生活にもゆとりをもって、赤ちゃんが生めます」とも書いてありました。

１０００万円貯まるのか、赤ちゃんが産めるのか、未来のことはわかりませんが、父は20年先の計画まで立ててくれたということになります。

このような家だったので大学の学費は全額自分で出しました。「奨学金はダメ」という方針もあり、自分でバイトしながら学費を払える大学を選びました。子どものころは流行のゲーム機を買ってくれないこともあり、弟が空き箱で似たような形のものをつくって、二人で遊んだこともあります。

修学旅行でもキャリーケースを買ってもらえなかったので、全生徒で私だけが古いボストンバッグなのが恥ずかしくて、行くまでかなり嫌でした。

当時は理解できないことも多かったのですが、今は父の教えのありがたさがよくわかります。

おかげで自分なりのお金についての考えと、貯まる暮らしが身につきました。

Chapter 3

お金を使うときに考えるクセで貯める

お金って不思議です。
同じ1万円でも幸せになれる使いかたと、
後悔する使いかた、もっと欲が出てしまう使いかたがあります。
その違いについて考えてみました。

「自分軸のこと」

miiちゃんに相談したばかりなのに……
!!
今月もついついバッグを買って金欠だ!!
ミニバッグ流行っているから買っちゃった
五七五になってるよ
ちゃんと自分が欲しいから買ってる?
どういうこと?
他人からよく見られたいとか見栄のために買っちゃったりとか?
みんな持ってるからって買っちゃったかも
そうかもしれん

それと、意識しないで
お金を使ったりも
していいない？
……よくやっちゃう
そうか……
そういうのが
チリツモで
お金が貯まらないのかも……
私は
「自分軸」で
お金を使うように
してるよ
自分軸って？

たとえば……
見栄とか
他人の目を
気にして何か
買ったりしても
周りの人って
思っているほど
他人に興味がないから
見てなかったりする
でもそれで
使っちゃうのは
「他人軸」
そうじゃなくて
自分が本当に
必要かどうかで
お金を使うのが
「自分軸」

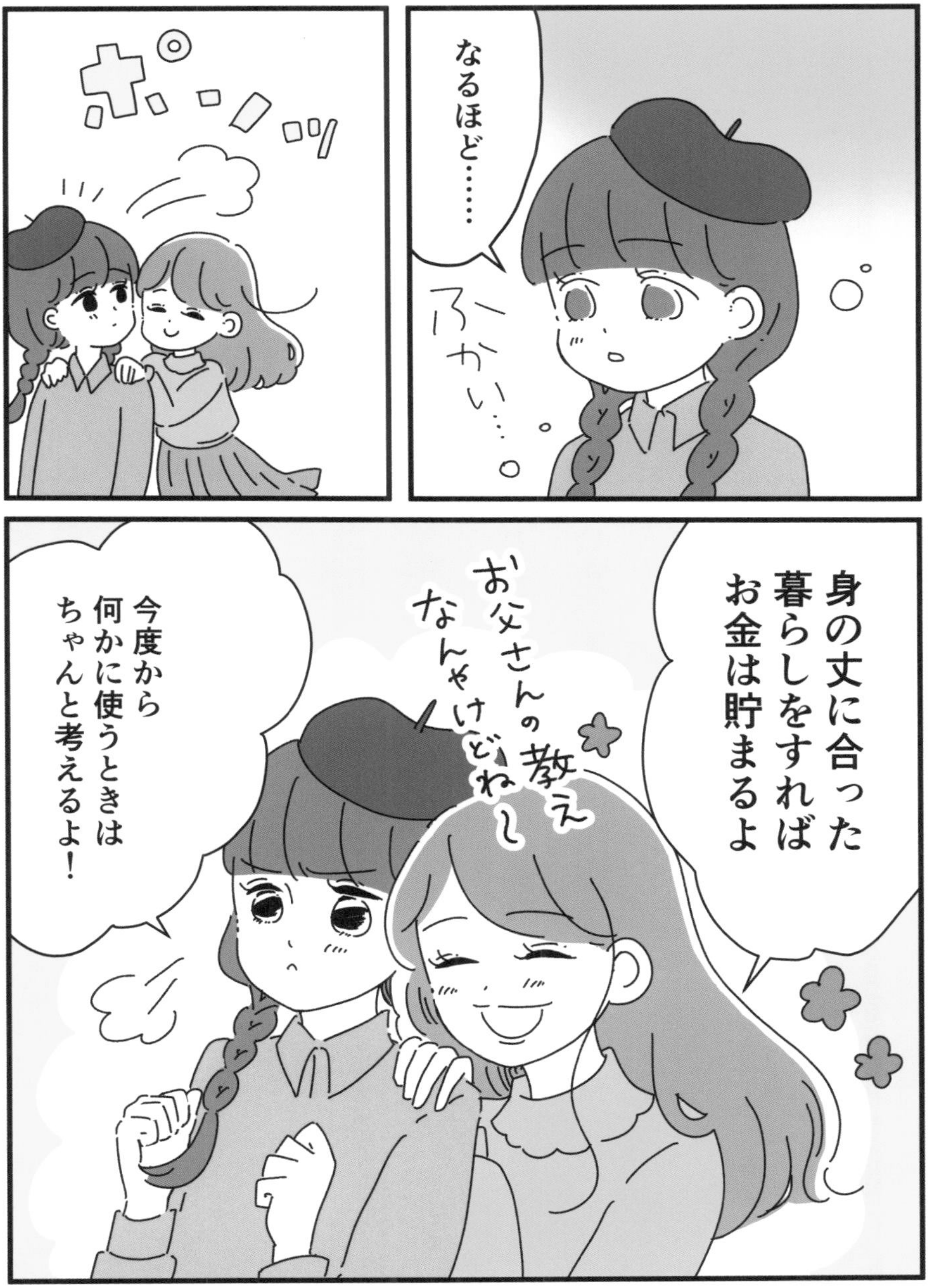
なるほど……
ふかい……
ポンッ
身の丈に合った
暮らしをすれば
お金は貯まるよ
お父さんの教え
なんやけどね～
今度から
何かに使うときは
ちゃんと考えるよ！

500万円貯めて考えたこと

「東京で一人暮らし……できるんだろうか」という不安からつけはじめた家計簿ですが、そのおかげで、3年目で500万円貯まりました。

今は、不安はまったくありません。

貯金があるから、500万円だから、ということではなく、「たとえ全財産がなくなったとしても、また貯められる」という自信ができたからです。

以前の私は、暮らしていけるのか怖くて、どこか縮こまって生きていました。

貯められるようになった今のほうが節約を気にせずにお金をかけるものもたくさんありますが、それでも安心感があります。そして、「もう少し、お金を使っても大丈夫かな」という心の余裕もできました。

このように変わることができた方法を、前の章に書きました。

家計簿で支出を把握して「収入＞支出」だとわかるだけで不安は消えます。たとえ今は借金やローン返済などがあって「収入＜支出」の方も、その差額がきちんとわかれば明確な対策が立てられるので、怖さから解放されるはずです。

私自身が経験してみて、お金についての安心感を得るためには、100万円、500万円……という貯金額次第ではないことがよくわかりました。

むしろ金額を重視しすぎると、貯めても貯めても終わりがやってこない気がします。事実、貯金が100万円でも1000万円でも、もっとたくさんでも不安に思っている人はいます。

ここで考えてみたいのですが、お金とはなんでしょうか。

私の答えはこうです。お金は「目的」ではなく、ただの「手段」にすぎません。

なんのためにお金が必要かというと、まずは「生きるため」です。ごはんを食べたり、家に住んだり、服を着たりといった衣食住のために、資本主義的にはお金がないと困ります。

さらにその先に、「自分のやりたいこと」や「欲しいもの」のために使うお金があります。

そして、やりたいこと、欲しいものを手に入れると、達成感や幸福感を得ることができます。

つまり、お金はものや体験、その先にある気持ちなどと交換する手段の1つということです。

手段と目的を混同してはいけないと思っています。貯めることや貯金の額を増やすことが目的になって、必要なときに使えない貯金では意味がありません。

ただし、何が「必要」で、何が「必要じゃない」のか、その見極めが難しいところですが。

みんなが持っている＝必要なもの、ではない

私は小さいころから親にあまりものを買ってもらえなかったので、自分にとって必要なもの、必要じゃないものに向き合わざるを得ない経験を早くからしてきました。

高校生のとき、みなさんは携帯電話を持っていましたか？　私は持たせてもらえませんでした。持っていないのは学年で私一人だけでした。

携帯電話はほんの一例で、そういうことはたくさんありました。当時はそれがとても嫌でしたが、今になってみれば、それらの経験が私を強くしてくれたと思っています。

みんなと同じじゃないことを恥ずかしがる私に、父はこう言いました。

「周りと一緒じゃなくても、そのままのｍｉｉを好きになってくれる人がいればいいよね」

そう言われてもすぐには受け入れられなかった部分もありますが、確かに、携帯電話を持っていなくても友達はいたし、具体的に困ることは１つもありませんでした。

人をうらやましがったり、人と比べたりするよりも、私は私でできる暮らしをして、私らしくしているほうが自分でもラクだということもわかってきました。

そして、そのほうが本当に価値観の合う人たちが周りに集まってくれることも知りました。

「身の丈に合う」という言葉がありますが、背伸びをせず、無理をせず、等身大の私らしいお金の使いかた、暮らしかた、生きかたをしていきたいと思います。

だいぶ貯金は増えてきましたが、今より生活水準を上げようとか、もっと贅沢な暮らしをしたいとは思いません。このままで十分、快適で幸せだからです。

幼少期の家は築40年の借家で、洗面所も昭和のタイルでしたし、部屋の壁も割れていました。でも、私たち家族は不幸ではありませんでした。むしろ楽しい思い出ばかりです。

生活水準が上がれば幸せになるかというと、そうとは限りません。そのためにはもっと高い収入が必要になりますし、一度水準を上げてしまうと、何かあったときに戻すのが大変です。

何をしたら自分が本当に幸せを感じられるのか。

それを見つけて、そのためにお金を使うことができれば、それ以外のものが手に入らなくても平気です。そして、その幸せとは「人がこうだから」というところに答えはない気がします。

見栄のためにお金を使わない

なぜ実家がお金で苦労したかというと、祖父に借金があったからです。

その借金は見栄を張るために使ったお金でした。

人の目を気にして、人によく思われたくて浪費しても、家族に負担や迷惑をかけるだけで何もプラスにはなりませんでした。そんな祖父は私たち家族にとって反面教師になりました。

見栄は、自分に対してではなく、他人に対して張るものです。矢印が他人に向いています。

「自分軸」ではなくて、他人の軸で必要・不必要を判断しているので、どんなにお金を使っても心が満たされることはありません。

「すごい」と言ってほしくても、それほど人は見ていないし、意外と無関心です。

しかも、誰かと競争すると必ず上には上がいて、どんどんエスカレートする一方です。

これでは自分がしんどくなるばかり。それなのに他人の目を優先して、自分や、自分の近くにいる人を大事にできないのなら、使って意味のあるお金と言えるでしょうか。

私は、お金はあくまでも自分軸で大切に使っていきたいです。

自分軸で選んだものなら、ほんのちょっといい食事をしたり、なんとなく楽しくなる文房具を買ったり、それくらいの贅沢でも心から満足できます。

また、人の目を気にせず自分軸で考えると、自分にとって本当に必要かどうかがはっきりします。

私の場合、最終的に一番大事にしたいのは「自分と周りの人の健康」です。そのためにはお金を惜しみません。でも、そこから外れるものは相当考えてからお金を使っています。

自分軸か見栄のためなのかをどうやって見極めるのかも、なかなか難しいところです。

そういうとき、私はノートに書いて頭の中を整理します。

「この服、かわいい」「〇〇に着ていくのにちょうどいいかも」「でも本当に欲しいかな」「かわいいってほめられたいだけ？」「実際に何回、着るだろう」という感じで、とりあえず思い浮かぶことをそのまま全部書いてみる。すると、隠れた自分の本音が見えてきます。

お金のことに限らず、考えがまとまらないときにはいつもノートを使います。

家計簿のようなフォーマットがあるわけではなく、いつ何を書くかを決めているわけではありません。一人ごとや親友とのおしゃべりのような感覚で、気楽に、素直に書いています。

欲しいもの＝必要なもの、ではない

小学校低学年のころ、クリスマスプレゼントに一輪車をもらったことがあります。ちょっとだけ乗って、あとは倉庫に置きっぱなしでした。

私の記憶の中では「欲しくないものをプレゼントされた」という思いだけが残っていました。

もう少し大きくなってから「あのときどうして一輪車をくれたの？」と父に聞いてみたところ、その答えにびっくりしました。

クリスマスの１カ月前、11月の私の誕生日に、私自身が「一輪車が欲しい」とねだったというのです。誕生日には買ってもらえず、１カ月後のクリスマスにプレゼントしてもらったものの、当の本人は「欲しい」と言ったことさえ覚えていなかったというわけです。

欲しいと思うのは一瞬だけ。欲しい気持ちはすぐになくなる

その年の誕生日プレゼントが何だったかは忘れてしまいましたが、父が本当に贈りたかった

スマホのメモに欲しいものと金額を書いて保存しておく。買ったものはチェックをする。時々見直すと、じつは必要じゃなかったと気が付くこともよくあります。

東京西川のマットレス「ウェーブコンフォート」。布団が古くなったので、ミニマリストの人も使っている敷布団になるマットレスを買うことに。ネットでの評判や価格、スペースをとらないかなども比較しました。

大ファンのPerfumeがプロデュースする「Perfume Closet」のハイヒール。1年以上ずっと欲しかったけれど、通販がメインだったため、試着ができず買えませんでした。展示会で試着ができたのでやっと購入。

のはこの教えなのかな、と思います。

欲しいものと必要なものは違います。そして、一瞬必要だと思っても、よく考えると必要じゃないものも結構あります。だから何か欲しいと思ったら数日時間をおいて、「やっぱり欲しい」「ないと困る」と思うものだけを買うようにしています。

「欲しいものリスト」としてスマホにメモすると、一度、自分の物欲と向き合うことができます。中には1～2カ月考えるものも！

実際に、しばらく時間をおくと買わずにすむものがほとんどです。逆に、そうやって悩んだ末に買ったものは後悔することなく、ずっと満足して使えています。

買う前には徹底的に比較する

昔は「節約のため」と思って、安すぎるものを買ってたくさん失敗してきました。
今は、どうせ買うなら自分にとってベストなものを、という視点で探しています。

何かを買うときにはネットであれこれ検索して候補を絞り、レビューもしっかり読み込みます。値段で悩むのではなく機能で比較して、それぞれのメリット・デメリットを検討します。

さらに1年後、3年後、さらにその後……と先々のことまで考えて、長期的な視点で一番良いと思えるものを買うようにしています。

これくらい1つ1つしっかり考えて買うので失敗も後悔もなくなりました。

それに、なんだか愛着が増して、ずっと大事に使おうという気持ちになれます。

我が家の狭いスペースにはたいして多くのものはありませんが、1つ1つがお気に入りなので、とても豊かな気分で暮らせています。

豊かさや満足感はものの数ではないんだな、と実感しています。

浄水器を買ったときの比較

タイプ	ミネラルウォーター	蛇口直結型浄水器	浄水ポット	ウォーターサーバー
メーカー	スーパーのPB	A社	B社	C社
本体価格	60円/1本 (2L)	3500円 (カートリッジ2個付き)	3600円 (カートリッジ1個付き)	なし
カートリッジ価格(1個あたり)	なし	1100円	1100円	2052円/1本 (12L)
年間価格	3600円	1100円 (本体価格除外)	8600円 (本体価格除外)	4万248円
1Lあたり	30円	約2円	約7円	約170円
メリット	・安い	・ダントツで安い ・節水できる	・冷蔵庫で冷やすことができる ・分解して洗浄可能 ・冷蔵庫のドアポケットに収納可能 ・除去できる物質が12種類	・送料、初期費用、サーバーレンタル料無料 ・全国対応(沖縄・離島除く)、定期配送(休止可能) ・熱湯もすぐに使用可能 ・天然水が飲める ・水を買いに行く必要がない
デメリット	・重い ・買い出しが必要 ・場所を取る	・カートリッジの交換が必要 ・お手入れが必要 ・温かい水が出せない	・浄水に時間がかかる ・カートリッジが高い	・価格が高い ・場所を取る ・電気代も別にかかる

これに決定!

1Lあたりの価格も比べ、総合的に良い蛇口直結型浄水器に決定。コンビニやスーパーで水を買う手間もなくなりました。

ものを買うときについてくるもの

日用品のストックのところでも触れましたが、私はこのように考えています。

ものにかかるお金＝ものの値段＋場所代

買ったときのお金だけでなく、「家賃の数％」という支出がずっと続くイメージです。

私は家計簿をつけはじめたときに、買っても着ていない服が多いことに気がつきました。着なくても場所代はかかります。それは服そのものの値段以上になります。だから、思い切って処分することにしました。

私はもともと捨てられないタイプで、高校生のときに買った服もずっと持っているほどですが、次の基準に当てはまるものは処分しました。

●去年、1度も着なかった服（「また着るかも……」の〝また〟はやってこない！）
●汚れやヨレ、毛玉のある服（人前に堂々と着ていけない服は、着る機会は少ない！）

とても辛い作業でしたが、処分して後悔しているものは1つもありません。そして、1度この作業をしたことで「買っても着ない服」の傾向がわかりました。

●セールで衝動買いしたもの。安さで選んだもの
●流行、新商品、限定品の言葉につられて買ったもの
●福袋に入っていたもの

以後、こういう買いかたはしていません。

私の場合は服でしたが、みなさんにも「使わないもの」や「持っていることを忘れているもの」はありませんか？　もしあれば、思い切って処分してはいかがでしょう。部屋も気持ちもすっきりしますし、その後は無駄な買い物がかなり減り、お金も貯まりやすくなりますよ。

よく「ものを減らすと節約できる」と言われます。私自身も「部屋をきれいにするとお金が貯まる」という感覚がわかってきました。

余計なものがなく、自分が持っているものを把握できていれば、似たようなものを重複して買わなくてすみます。また、今持っているものに合うものを買えるので活用範囲が広がります。

我慢と辛抱の大きな違い

小学生のころに使用していたお小遣い帳には、父の字でこんなメモが記されていました。

お金を貯める方法はただ1つ。使ったつもりになって、残していくことです

その教育のおかげか、現在は「残そう」とがんばらなくても貯金できています。

ただ、誤解のないようにお伝えすると、お金を残すためにまったく何もしていないわけではありません。何も考えずにお金を使っていたら、やはり、ほぼ貯金はできないと思います。

ここまでに書いてきたような考えかたやお金の使いかたを、がんばらなくてもできるようになったから、自分で歯止めをかけたりして、無駄遣いを減らせています。

仕事でもスポーツでも車の運転でも、最初はいろいろ意識してがんばらないとできません。でも、しばらく意識するとクセのようになって、一人でできるようになりますよね?

もし、お金の悩みがあるなら、この本の内容のどれか1つでもいいので、できそうなものから試してみてほしいと思います。しばらくすると習慣になって、がんばらなくてもできるようになります。そうなったら、また次のことを試してみてください。

そのうち、お金の悩みはどんどん小さくなって、いつのまにかなくなります。自信を持って言いますが、その日はご自分で思っているよりも早くやってきますよ。

そのころには、節約を我慢とも努力とも思わなくなっているでしょう。

むしろ、「楽しい」と感じると思います。私も以前は、そういう人の気持ちがわかりませんでしたが、今は「趣味は貯金！」と言ってしまうくらいです(笑)。

「節約＝我慢」ではありません。良い未来に向かって自制しているんです。

> 我慢＝不満を持ったまま抑えること。必要なものまで節約するから辛い
> 辛抱＝現状を受け入れて、よりよい未来のために選択する。お金が残るからうれしい

そうやって辛抱して残したお金を大事に使うところに特別なストーリーが生まれます。1万円で買ったもの、1万円でできた体験が、1万円以上の価値に感じられるんです。

私がお金を使うとき

辛抱を心がけている私が気にせずお金をかけるものの1つに、大切な人へのプレゼントがあります。家族、友達、彼、会社の仲間……、お世話になっている感謝や「大好きです」という気持ちを込めて。金額＝気持ちではないと思いますが、ここは節約する項目にしていません。

そんなことを書いた私のInstagramを見てフォロワーさんがコメントをくださいました。

それは「生き金」ですね。いいお金の使いかただと思いました

その言葉を拝見し、中学生のときに読んだ漫画『ハチミツとクローバー』(羽海野チカ著、集英社)に出ていたセリフに激惚れしたことを思い出しました。

それは、好きな人に何かあったときに「何も考えないでしばらく休めばいいよ」と言えるくらいのお金は持っていたい、というような内容でした。

じつは家計簿をつける前も100万円ほど貯金はありました。でも、とにかく出費が嫌で、

どうしても減らしたくない、貯金を切り崩したくない、という気持ちが先でした。

人のためにあまりお金を使いたくない、という気持ちもどこかにありました。

だけど、それではいくら貯めても「死に金」です。

自分にとって大切なことや好きな人のためなのに「もったいなくて使えない」と出し渋ったら、それは「生きていないお金」になってしまいます。


家計簿をつけて「今の給料で暮らしていける」とわかったとき、自分のことだけに精一杯になるんじゃなくて「もっと人のためにお金を使っていいんだ」と気づき、うれしかったです。

自分のためにお金を使っても、幸せは限られています。

でも、誰かのためにお金を使うと、その人も幸せで自分も幸せ。つまり、2倍にも3倍にも、良いお金の使いかたができたことになります。


自分一人では幸せにはなれません。大切に思える人がいるから、自分も幸せだと感じられます。そして、その人が幸せなら、私も幸せになれます。

だから、人のために何かできたり、気持ちよくお金を使える人でありたいと思っています。

20代・社会人カップルのお金事情

私には3つ年上の彼氏がいます。彼は社会人5年目です。付き合って1年半ほどになります。彼は以前、借金があったそうです。洋服などを買ったときのリボ払いやショッピングローンです。今はすべて完済し、浪費グセもおさまって貯金もできています。

なぜ変われたかというと、「mｉｉの影響もあるよ」と言ってくれました。私が直接何かを言ったわけではないのですが、日頃のお金の使いかたや考えかたを参考にしてくれたようです。

「具体的にどんなこと？」と聞いてみたら、次のような答えでした。

●メリハリのある使いかた（ふだんは節約してもプレゼントや好きなことには惜しまず使う）
●家計簿の振り返り（家計簿アプリを使っていたものの、見返したことはなかったそう）

未婚・既婚を問わず、自分がお金の貯まる暮らしを心がけても、パートナーのお金の使いかたが正反対だと、金銭的にも精神的にも大変ですよね。

でも、めげずに自分自身が努力を続ければ、その姿を見てきっと相手も協力してくれるはずです。

私が彼と付き合いだしたときから、どんなふうにしてきたか、参考になればと思います。

●デート代は割り勘(私のために相手のお金を減らしたくなかったので、提案しました)
●家計簿を見せる(私のやる気のために見せていたら、彼も貯金額を教えてくれるように)
●ライフプランを話し合う

ライフプランの話は特に持ち出しにくいかもしれません。でも、どうせ気になることなので、私は付き合う前に聞きました。重要な問題について話し合える関係性はいいですよね。恋人がいるなら、価値観のすり合わせのために、こんなことを話してみてはいかがでしょう。

●将来、結婚を考えているか
●いつごろ結婚するのか(「いつか」には結構大きなずれがあったりするので、具体的に)
●子どもはどうするか(欲しいか。欲しいならいつごろ、何人くらいか)
●将来の居住地はどうするか。さらに、老後は何をしたいか

時間が経つと考えは変わるかもしれませんし、考えたとおりにいかないこともあるでしょう。でも、まず相手の意見を聞いておくことで、お互いの理想とする将来像が描けます。

ちなみに私の彼は、二人の将来を考えたときに「借金はダメだ!」と思ったそうです。

―あとがきに代えて―

生きかたの選択肢は多いほうがいい

最後になりましたが、なぜ私が貯金をするのか、について書きたいと思います。

私がお金を貯めるのは、将来、何があっても困らないようにしたいからです。自分と、そして周りの大切な人たちが問題を抱えたとしても、お金で助かることは多いと思うので。

私の夢は、結婚して、子どもを産んで、おばあちゃんになって、好きな人たちとずっと穏やかに幸せに暮らすことです。かなり漠然としていますが(笑)、今後の人生、いつ急に大金が必要になるかはわかりません。事故、病気……保険に入っておけばすむ話かもしれませんが、貯金があれば保険は不要という考えかたもあります。

困ったときだけでなく、本当にやりたいことが見つかったときに思い切り行動するためにも、貯金は大きな助けになります。

私は家計簿のおかげで、１年間に１８０万円あれば、余裕で生活できることがわかりました。

今は貯金が５００万円以上あるので、そのお金だけで約３年間は暮らせることになります。

つまり、３年間という時間の猶予をつくれた、と言い換えることができます。

万一、無職になっても３年間は大丈夫――。

お金のために自分の心を犠牲にしたり、何かをあきらめなくていい――。

そういう気持ちで、常に自分のベストな道を選択できるのは幸せなことです。その時間の猶予を少しでも今のうちにつくっておきたいと思っています。

繰り返しになりますが、お金がないことは不幸ではありません。

でも、お金があると生きかたや暮らしの選択肢が増えます。その選択肢は多ければ多いほど良いのではないでしょうか。

今回、本を出版させていただくにあたって、自分のお金に対する考えかたや暮らしかたについて、改めてたくさん考えました。

本書で述べてきたことは、25歳、東京で一人暮らしをしている社会人3年目の「今の私」の考えかたです。将来ライフスタイルが変わったり家族ができたりすると、お金の管理方法も考えかたも変わっていくと思います。それは、むしろいいことだと思っています。

この本を読んでくださった方が、少しでもお金に対する不安がなくなったり、貯金ができるようになったら、こんなにうれしいことはありません。

私もまだまだ未熟です。Instagramのフォロワーさんや読者のみなさんと一緒に成長できたらな、と思います。本書がみなさんの参考になりますように。

２０２１年春　ｍｉｉ

コピーして使える家計簿フォーマット

フォーマット① レシートを書きうつすページ（P.24～25参照）

1 WEEK

コピーしてから切り取ってください

このページをコピーして、P.24〜31を参照しながら、そのまま書き込んだり、
ノートに貼り付けたりしてお使いください。必要に応じて拡大コピーしてご使用ください。

コピーしてから切り取ってください

フォーマット② **週計算のカレンダー**（P.26〜27参照）

フォーマット③ **項目別の集計**（P.28〜29参照）

MON	TUE	WED	THU	FRI	SAT	SUN	TOTAL

	1WEEK	2WEEK	3WEEK	4WEEK	5WEEK	1MONTH
食費						
外食費						
日用品						
医療費						
娯楽費						
趣味						
衣服費						
交通費						
特別費						
美容費						
その他						
TOTAL						

コピーしてから切り取ってください

フォーマット④ **1カ月のまとめページ**（P.30〜31参照）

■ 収入

■ 固定支出

■ 変動支出

収入 −（支出 ＝ 固定支出 ＋ 変動支出）＝ 貯金

貯蓄率

%

コピーしてから切り取ってください

mii（みい）

四国出身。仕事の関係で東京に住みはじめ、2021年で3年目になる。自分の家計管理のためにはじめた家計簿をInstagramで紹介したところ、わかりやすいと評判になり、フォロワー数は約23万人に（2021年3月現在）。PerfumeとWEAVERが好き。
https://www.instagram.com/mimii_room

20代《だい》からはじめる お金《かね》が貯《た》まる暮《く》らしかた

2021年３月27日　初版発行
2023年３月20日　８版発行

著者／mii

発行者／山下 直久

発行／株式会社KADOKAWA
〒102-8177　東京都千代田区富士見2-13-3
電話　0570-002-301（ナビダイヤル）

印刷所／大日本印刷株式会社

●お問い合わせ
https://www.kadokawa.co.jp/（「お問い合わせ」へお進みください）
※内容によっては、お答えできない場合があります。
※サポートは日本国内のみとさせていただきます。
※Japanese text only

定価はカバーに表示してあります。

ISBN 978-4-04-896964-2 C0077